Die Entstehung der Einkommensteuer

Reiner Sahm

Die Entstehung der Einkommensteuer

Eine historische Betrachtung ihrer Anfänge und Entwicklung

2., durchgesehene und verbesserte Auflage

Springer Gabler

Reiner Sahm
Berlin, Deutschland

ISBN 978-3-658-49068-3 ISBN 978-3-658-49069-0 (eBook)
https://doi.org/10.1007/978-3-658-49069-0

Die Deutsche Nationalbibliothek verzeichnet diese Publikation in der Deutschen Nationalbibliografie; detaillierte bibliografische Daten sind im Internet über https://portal.dnb.de abrufbar.

Planung/Lektorat: Irene Buttkus
Springer Gabler ist ein Imprint der eingetragenen Gesellschaft Springer Fachmedien Wiesbaden GmbH und ist ein Teil von Springer Nature.
Die Anschrift der Gesellschaft ist: Abraham-Lincoln-Str. 46, 65189 Wiesbaden, Germany

„KÖNIGIN DER STEUERN“

Johannes Popitz 1926

Inhaltsverzeichnis

1 Einleitung

Gedanklich ist die Einkommensteuer bereits im 18. Jahrhundert als Produkt der Aufklärung entstanden. Gesucht wurde nach einer gerechten, auf Leistung beruhenden Form der Besteuerung. An der Wiege der praktischen Einkommensteuer stand jedoch nicht die Gerechtigkeit, sondern die fiskalische Ergiebigkeit, die von Anfang an ihre Entwicklung beherrschte.

Während in Großbritannien der Krieg mit Frankreich in den Jahren 1793 und 1816 die Einkommensteuer als Kriegssteuer hervorbrachte, waren die Anfänge der Einkommensteuer in den deutschen Staaten von der Finanznot der Napoleonischen Kriege geprägt. Die Idee einer allgemeinen Einkommensteuer wurde zum ersten Mal im Jahr 1806 von Karl Freiherr vom und zum Stein propagiert und 1808 in Preußen, Litauen und Königsberg eingeführt. Wenige Jahre später jedoch wurde sie wegen des großen Steuerwiderstandes und der Unehrlichkeit bei der Selbstdeklaration wieder abgeschafft;[1] die Steuerpflichtigen wollten ein Eindringen in ihre Vermögensverhältnisse nicht dulden.

Die Revolution von 1848/49 gab der Theorie der allgemeinen Einkommensteuer neue Kraft und Bedeutung. Aufgrund der sich ändernden politischen Verhältnisse und der verstärkt propagierten liberalen Ideen, beschäftigte sich die Wissenschaft ab Mitte des 19. Jahrhunderts intensiv mit dem Ideal einer subjektiven allgemeinen Einkommensteuer. Die liberale Ideologie nahm die naturrechtliche Überlieferung vom Vorrang der direkten Steuern wieder auf und

[1] Hey, Johanna: § 8 Einkommensteuer, in: Tipke/Lang: Steuerrecht, fortgeführt von Roman Seer u. a., 22. Auflage, Köln 2015, S. 285.

R. Sahm, *Die Entstehung der Einkommensteuer*,
https://doi.org/10.1007/978-3-658-49069-0_1

gab dem Plan einer allgemeinen Einkommensteuer auch ein politisches Fundament.[2]

Den politischen Durchbruch zur modernen Einkommensteuer leisteten das sächsische Einkommensteuergesetz vom 2. Juli 1878 und das preußische Einkommensteuergesetz vom 24. Juni 1891.[3] Die von der Wissenschaft in der Aufklärung entwickelten Besteuerungsprinzipien der Allgemeinheit, der Gleichmäßigkeit und der Leistungsfähigkeit wurden in der Reformgesetzgebung des Finanzministers Johannes vom Miquel fest verankert. Johannes von Miquel nannte die Reform der direkten Steuern in seiner Rede vor dem Abgeordnetenhaus vom 20. November 1890 ein „Werk ausgleichender Gerechtigkeit". Die Miquel'sche Steuerreform von 1891 setzte den Maßstab für Deutschland und bewirkte schließlich, dass die Einkommensteuer nach dem Ersten Weltkrieg unter dem Reichsfinanzminister Matthias Erzberger zur Reichssteuer wurde.

Der Jahrhundertökonom Joseph Schumpeter bezeichnete die Einkommensteuer als die reinste, technisch und juristisch schönste Gestalt des Steuergedankens, als den „Höhepunkt der Steuerkunst des liberalen Bürgertums".[4] Johannes Popitz hat als Staatsekretär im Reichsfinanzministerium Anfang des 20. Jahrhunderts die Einkommensteuer als „Königin der Steuern" bezeichnet, weil sie in herausragender Weise an die individuelle, persönliche wirtschaftliche Leistungsfähigkeit des Steuerpflichtigen – unter Berücksichtigung erwerbs- und existenzbedingter Aufwendungen anknüpft.[5]

---

[2] Mann, Fritz Karl: Steuerpolitische Ideale. Vergleichende Studien zur Geschichte der ökonomischen und politischen Ideen und ihres Wirkens in der öffentlichen Meinung 1600–1935. Jena 1937, S. 247 f.

[3] Hey, Johanna: § 8 Einkommensteuer, S. 285.

[4] Schumpeter, Joseph: Ökonomie und Soziologie der Einkommensteuer, in: Der deutsche Volkswirt IV (1929), S. 380–385 und 382.

[5] Popitz, Johannes: Einkommensteuer, in: Elster, Ludwig/Weber, Adolf/Wieser, Friedrich (Hrsg.), Handwörterbuch der Staatswissenschaften, Bd. 3, 4. Aufl. Jena 1926, S. 400–491 und 402.

Die liberale Denkweise der Aufklärung als Fundament steuerpolitischer Ansichten

2

Um die Jahrhundertwende vom 16. zum 17. Jahrhundert fand der wachsende Finanzbedarf des frühmodernen Staates seinen Niederschlag in der juristischen Steuerliteratur. Den Autoren erschloss sich die steigende Bedeutung der Geldeinkünfte für das Werden und Wachsen des Staates aus ihrer praktischen Tätigkeit. Der Wandel von der Natural- zur Geldwirtschaft und die neu empfundene Macht des Geldes führten zu einem neuen Selbstverständnis dieser Zeit. An die Stelle der Ablehnung jeglicher Steuern trat eine generelle Steuerrechtfertigungslehre; es genügte der öffentliche Bedarf, um eine steuerliche Belastung zu begründen. In den Schriften schlug sich der Versuch nieder, mit Leitbildern „gerechter“ Besteuerung der Obrigkeit auf dem Gebiet Finanzen Richtung, Ziel und Maß zu geben.

Bereits im 16. Jahrhundert erhob der französische Staatstheoretiker Jean Bodin die Allgemeinheit der Steuerpflicht zur Voraussetzung der Besteuerung überhaupt. Er gründete seine Auffassung darauf, dass jede Besteuerung der Untertanen legitimiert und jede private Verwendung der Gelder der Obrigkeit ausgeschlossen sein müsse.[1]

Die gleichmäßige Durchführung der Besteuerung wurde in der Literatur als entscheidend angesehen.[2] So ist in allen juristischen Abhandlungen des 16.

[1] Schulz, Hermann: Das System und die Prinzipien der Einkünfte im werdenden Staat der Neuzeit, dargestellt anhand der kameralwissenschaftlichen Literatur (1600–1836), Berlin 1982, S. 70; Stolleis, Michael: Pecunia nervus rerum. Zur Staatsfinanzierung in der frühen Neuzeit, Frankfurt am Main 1983, S. 90.

[2] Schwennicke, Andreas: „Ohne Steuer kein Staat“. Zur Entwicklung und politischen Funktion des Steuerrechts in den Territorien des Heiligen Römischen Reichs (1500–1800), Frankfurt am Main 1996, S. 169.

R. Sahm, *Die Entstehung der Einkommensteuer*,
https://doi.org/10.1007/978-3-658-49069-0_2

und 17. Jahrhunderts die Forderung enthalten, dass die Untertanen nach ihrer Leistungsfähigkeit zu belasten seien – wer mehr verdiene, solle auch mehr zum öffentlichen Wohl beitragen.[3]

Der Jurist und Staatsmann Kaspar Klock (1583–1655), der heute als Pionier der Finanzwissenschaft und wichtigster Begründer der deutschen Steuerlehre gilt,[4] suchte nach einer gerechten, auf Leistung beruhenden Form der Besteuerung. Er wollte die Steuer nur auf Ertrag abwerfende Güter beschränken und näherte sich so dem Gedanken einer Einkommensteuer. Er forderte die Anlage von Katastern zur Feststellung der Leistungsfähigkeit des einzelnen zu belastenden Objektes und war einer der Ersten, die die mit den Einnahmen zusammenhängenden Ausgaben zur Feststellung des Reineinkommens zulassen wollten. Aus ethischen Gründen forderte er zudem die Steuerbefreiung des Existenzminimums und warnte vor indirekten Steuern, da diese vor allem die Armen belasteten.

1755 formulierte Jean Jacques Rousseau[5] die Idee einer progressiven Einkommensteuer, und sieben Jahre später, im Jahr 1762, entwickelte der Kameralist Johann Heinrich Gottlob von Justi (1717–1771) als Erster allgemeine Grundsätze der Steuern und Abgaben:

> „Der erste und hauptsächlichste Grundsatz, den man bey denen Steuern und Abgaben unaufhörlich vor Augen haben muß, ist, daß sich die Unterthanen im Stande befinden müssen, solche leisten zu können. Sie befinden sich aber alsdenn nur im Stande, solches zu thun, wenn sie die Abgaben tragen können, ohne Abbruch ihrer Nothdurft, und ohne den Hauptstamm ihres Vermögens anzugreifen. Abgaben, die sich nicht in die Gränzen einschließen, verdienen diesen Nahmen nicht! Sie sind tyrannische Erpressungen und ein gewaltsamer Raub des Vermögens der Unterthanen.
> […]
> Der zweyte Grundsatz des Steuer- und Contributionswesens ist, daß die Abgaben mit einer vollkommenen Gleichheit und gerechten Verhältniß den Unterthanen aufgeleget werden müssen […], so kommt eben diese gerechte Gleichheit darauf an, daß ein jeder Unterthan nach Proportion seines Vermögens seinen Beytrag zu dem

[3] Ebd., S. 167 f.

[4] Schefold, Bertram: Kaspar Klock. Der Vater der guten Staatsfinanzen, in: Frankfurter Allgemeine Zeitung, 25.01.2014, auf: http://www.faz.net/aktuell/wirtschaft/wirtschaftswissen/die-weltverbesserer/kaspar-klock-der-vater-der-guten-staatsfinanzen-12769341.html (letzter Zugriff: 13.04.2023).

[5] Rousseau, Jean Jacques: Discours sur l'économie politique, 1755; vgl. auch Mann, Fritz Karl: Steuerpolitische Ideale, S. 163.

> Aufwand des Staats leiste. Je mehr Vermögen also jemand hat, desto mehr muß er Abgaben tragen; und dieses um desto gerechter, da man voraus setzen muß, daß sein Gewinnst, nach Verhältniß, allemal ungleich grösser ist."[6]

Mit seinem „zweyten Grundsatz" stellte Justi die progressive Steueridee zur Diskussion. Er verwies in diesem Zusammenhang auf Staaten, die eine progressive Besteuerung bereits durchgeführt hätten:

> „Es hat in der That Staaten gegeben, welche auf diesen Umstand Betracht gemacht, und die Abgaben nach dem Verhältniß gesteigert haben, als das Vermögen eine gewisse Proportion übertroffen hat."[7]

Die progressive Steueridee wurde neben der proportionalen Besteuerung von den späten Kameralisten diskutiert; am Ende der Kameralzeit war der Gedanke der progressiven Besteuerung vorherrschend.

Von besonderer Bedeutung für die gedankliche Entwicklung der Einkommensteuer gelten die Ausführungen des schottischen Moralphilosophen und Nationalökonomen Adam Smith (1723–1790) in seinem Werk „Wealth of Nations" von 1776. Adam Smith forderte in seiner ersten Steuermaxime:

> „Die Bürger eines jeden Landes sollten eigentlich zur Finanzierung der öffentlichen Aufgaben soweit als möglich im Verhältnis zu ihren Fähigkeiten beisteuern, was bedeutet, daß sich ihr Beitrag nach dem Einkommen richten sollte, das sie jeweils unter dem Schutz des Staates erzielen."[8]

Die von Adam Smith im fünften Buch vorgetragenen Argumente zur Besteuerung und zu den Staatsausgaben prägten maßgeblich das Denken von liberalen Politikern und Autoren.

---

[6] Justi, Johann Heinrich Gottlob von: Ausführliche Abhandlung von denen Steuern und Abgaben nach ächten, aus dem Endzweck der bürgerlichen Gesellschaften abfließenden Grundsätzen, und zur Wohlfarth der Völker dienlichen Maaßregeln, Königsberg/Leipzig 1762, ND Wiesbaden 1977, S. 23 und 26 f.

[7] Ebd., S. 28.

[8] Smith, Adam: Der Wohlstand der Nationen. Eine Untersuchung seiner Natur und seiner Ursachen. Vollständige Ausgabe nach der 5. Auflage, London 1789, aus dem Englischen übertragen, 13. Aufl., München 2013, S. 703.

Die entscheidenden Anstöße für den Aufstieg der Einkommensteuer ergaben sich dann auf der Basis der liberalen Ideologie aus den großen Umwälzungen des 18. und 19. Jahrhunderts.[9]

Günter Schmölders hat die Bedeutung der Französischen Revolution von 1789 für die Geschichte der Besteuerung wie folgt zusammengefasst:

> „Für die Geschichte der Besteuerung beginnt die Neuzeit im Grunde erst mit der großen Revolution in Frankreich, deren Ursprünge nicht zuletzt in dem ohnmächtigen Hass weiter Kreise der Bevölkerung gegen das Steuersystem des ‚Ancien Régime' zu suchen sind. [...] der doppelte Grundgedanke, von dem die Steuerreform getragen war, die ‚Gleichheit der Provinzen und der Personen vor der Besteuerung' (Vignes), bedeutete eine endgültige Abkehr sowohl von dem Prinzip des Feudalstaates, die Steuerpflicht in erster Linie nach Rang und Stand statt nach ökonomischen Maßstäben zu bemessen, als auch von der regionalen Finanzautonomie und den Steuerprivilegien der Territorialherren."[10]

Keimzelle der Französischen Revolution war ein Steuerprotest, der eine Absage an ständische Privilegien darstellte und sich in der Revolutionsverfassung in Artikel 13 vom 3. September 1791 niederschlug. In ihm wurde das Prinzip der Allgemeinheit und Gleichmäßigkeit der Besteuerung zum Ausdruck gebracht: „Für den Unterhalt der öffentlichen Gewalt und für die Aufgaben der Verwaltung ist eine allgemeine Steuer vonnöten. Sie ist gleichmäßig auf alle Bürger zu verteilen nach Maßgabe ihrer Vermögen."

Die Erschütterungen, die die Französische Revolution in die europäische Staatenwelt hineintrug, wirkten so epochal, dass die Wende des 18. zum 19. Jahrhundert einen grundlegenden Wandel in deren Finanzwesen herbeiführte und die Staaten zu einschneidenden Finanzreformen zwang.

Nach 1789 wurde eine Steuer gesucht, die dem neuen liberalen Denken entsprach. Diese Steuer sollte die bestehende Einkommens- und Vermögensverteilung – die als Bestandteil der natürlichen Ordnung und somit als gerecht angesehen wurde – durch die Besteuerung nicht verändern und nach der

---

[9] Schremmer, Eckart: Über „gerechte Steuern". Ein Blick zurück ins 19. Jahrhundert, in: Ders. (Hrsg.): Steuern, Abgaben und Dienste vom Mittelalter bis zur Gegenwart. Referate der 15. Jahrestagung der Gesellschaft für Sozial- und Wirtschaftsgeschichte vom 14. bis 17. April in Bamberg, Stuttgart 1994, S. 9–42 und 20.

[10] Schmölders, Günter: Geschichte der Besteuerung in: Strickroth, Georg u. a. (Hrsg.): Handwörterbuch des Steuerrechts unter Einschluß von betriebswirtschaftlicher Steuerlehre, Finanzrecht, Finanzwissenschaft, Bd. 1, 2. Aufl., München/Bonn 1981, S. 617–626 und 621.

steuerlichen Leistungsfähigkeit auf der Basis der Proportionalität verteilt werden. Die Merkmale dieser als gerecht angesehenen Steuer waren demnach: direkt, allgemein und gleichmäßig, proportional und neutral, das heißt, es sollten keine außerfiskalischen Zwecke erfüllt werden.[11]

[11] Schremmer, Eckart: Über „gerechte Steuern", S. 17.

Die Ursprünge der Einkommensteuer in Großbritannien 3

3.1 Die Napoleonischen Kriege als Begründung der modernen Einkommensteuer

Die schlechte finanzpolitische Lage als „eine unmittelbare Folge des gewaltigen Kampfes“[1] zwischen Großbritannien und Frankreich in den Jahren 1793 und 1816 führte zur ersten Einkommensteuer der Geschichte. Der Charakter dieser „Kriegssteuer“, das hieß einer Steuer, die durch ihre fiskalische Ergiebigkeit in der Lage war, große Staatsbudgets abzudecken, war verbunden mit der Eigenschaft, die steuerliche Leistungsfähigkeit am umfassendsten berücksichtigen zu können.[2] So wurde die Einkommensteuer zur Steuer, „die Napoleon schlug“,[3] und zur „Königin der Steuern“, weil sie in herausragender Weise an die individuelle, persönliche wirtschaftliche Leistungsfähigkeit der Steuerpflichtigen anknüpfte.[4]

Großbritannien befand sich seit 1793 im Krieg mit Frankreich, und im Jahr 1797 verschlechterte sich die Finanzlage schließlich so nachhaltig, dass sich die Finanzreserven der Regierung fast erschöpften. „Die Kriegskosten Englands

---

[1] Seligman, Edwin R. A.: The Income Tax, A Study of the History, Theory and Practice of Income Taxation at Home and Abroad, New York 1911, ND London 2006, S. 57.

[2] Lang, Joachim: Die Einkommensteuer aus juristischer Sicht, in: Kirchhof, Paul und Neumann, J. M. (Hrsg.): Freiheit, Gleichheit, Effizienz. Ökonomische und verfassungsrechtliche Grundlagen der Steuergesetzgebung, Bad Homburg, 2001, S. 37–47 und 37.

[3] Sabine, B. E. V.: A History of Income Tax, London 1966, S. 26.

[4] Popitz, Johannes: Einkommensteuer, S. 402.

R. Sahm, *Die Entstehung der Einkommensteuer,*
https://doi.org/10.1007/978-3-658-49069-0_3

beliefen sich auf 831 Mio. Pfund Sterling, von denen lediglich 209 Mio. Pfund Sterling durch Steuereinnahmen gedeckt werden konnten."[5]

Der britische Premierminister William Pitt schlug daher Ende des Jahres 1797 das sogenannte „Triple Assessment"[6] vor, welches 1798 mit dem „Aid and Contribution Act" in Kraft trat.[7] Das Triple Assessment war noch keine wirkliche Einkommensteuer, jedoch finden sich dort die ersten Ansätze einer subjektiven allgemeinen Einkommensbesteuerung. Zum einen entfiel das Prinzip der freiwilligen Besteuerung, da die neue Steuer auf den Verbrauch vor der Steuerschätzung basierte und daher nicht durch einen Verzicht im neuen Jahr vermieden werden konnte, zum anderen sollte die Steuerlast in ein gewisses Verhältnis zum Einkommen gebracht werden.[8]

Der Aid and Contribution Act teilte die Steuerzahler in drei Kategorien auf: Einkommen unter 60 Pfund Sterling waren freigestellt, bei Einkommen von 60 bis 200 Pfund Sterling erfolgte eine degressive Ermäßigung, und ab einem jährlichen Einkommen von 200 Pfund Sterling waren zehn Prozent Steuer zu zahlen.[9]

Das Experiment hat jedoch die Hoffnung der angesehenen Autoren, die das Gesetz entworfen und empfohlen hatten, nicht verwirklicht. Anstatt der erwarteten viereinhalb Millionen ergaben sich nur zwei Millionen Pfund Sterling an Staatseinnahmen. William Pitt führte dies auf „die skandalösen Betrügereien zurück, die der Wirkung der Steuer entgegengewirkt haben".[10]

3.2 Die Erschaffung der Einkommensteuer durch William Pitt

William Pitt, der allgemein als einer der größten Premierminister Großbritanniens angesehen wird, war bereits mit einundzwanzig Jahren in das House of Commons eingetreten und 1783 im Alter von vierundzwanzig der jüngste Premierminister

[5] Schremmer, Eckart: Steuern und Staatsfinanzen während der Industrialisierung Europas. England, Frankreich, Preußen und das Deutsche Reich 1800 bis 1914, Heidelberg 1994, S. 16.

[6] Seligman, Edwin R. A.: The Income Tax, S. 65.

[7] Großfeld, Bernhard: Die Einkommensteuer. Geschichtliche Grundlage und rechtsvergleichender Ansatz, Tübingen 1981, S. 9.

[8] Ebd., S. 10.

[9] Seligman, Edwin R. A.: The Income Tax, S. 66.

[10] Ebd., S. 71: „the scandalous frauds by which its effects were counteracted".

in der britischen Geschichte geworden. Am bekanntesten wurde er durch seine Rolle in den Napoleonischen Kriegen, während derer er das britische Militär gegen Frankreich führte.

Nachdem der Aid and Contribution Act nicht das gewünschte Ergebnis gebracht hatte, erfand William Pitt dann die erste wirkliche Einkommensteuer der Neuzeit: Zum ersten Mal wurde die Besteuerung in ein direktes Verhältnis zur Leistungsfähigkeit des Einzelnen gebracht.[11]

Am 3. Dezember 1798 brachte Pitt seinen Entwurf für das Haushaltsgesetz für 1799 mit dem folgenden Satz ein: „Eine allgemeine Steuer soll auf alle wichtigen Einkommensarten erhoben werden“.[12] Besteuert werden sollten:

> „Einkünfte aus Land- und Hausbesitz, aus Vermögen, Handel und Gewerbe, freien Berufen, Diensten, Pensionen, Besoldungen, Arbeitsverhältnissen und sonstigen Berufen, außerhalb Großbritanniens entstehende Einkünfte sowie Einkünfte, die nicht unter die soeben genannten fallen.“[13, 14]

Diese Einkünfte würden zu einem Gesamteinkommen aufaddiert, von dem gesetzlich geregelte Abzüge für bestimmte sachbezogene Aufwendungen sowie einige familienbezogene Ermäßigungen erfolgen sollten.[15] Damit verwirklichte dieses erste Einkommensteuergesetz sowohl das objektive als auch das subjektive Nettoprinzip.[16]

Im endgültigen Gesetzestext, der am 5. April 1799 in Kraft trat, hieß es dann:

> „Weiter wird angeordnet, daß [...] von allem Einkommen für seine Majestät, seine Erben und Nachfolger im gesamten Königreich von Großbritannien folgende

[11] Großfeld, Bernhard: Die Einkommensteuer, S. 10.

[12] Hansard, Thomas Curson: The Parliamentary History of England from the Earliest Period/Parliamentary Debates, vol. 34, co. 5: „That a general tax shall be imposed upon all the leading branches of income“.

[13] Özdemir, Didem: Die Entwicklung und der Aufstieg der Einkommensteuer im 19. Jahrhundert in den deutschen Ländern und in Europa, in: Seer, Roman (Hrsg.) Steuern im historischen Kontext. Ein Ausschnitt der Steuergeschichte anhand ausgewählter Fragestellungen (Bochumer Schriften zum Steuerrecht 28), Frankfurt am Main 2014, S. 19–56 und 37.

[14] Ebd., S. 21.

[15] Schremmer, Eckart: Steuern und Staatsfinanzen, S. 22.

[16] Özdemir, Didem: Die Entwicklung und der Aufstieg, S. 21.

> Abgaben und Steuersätze aufzuerlegen, zu erheben, einzuziehen und jährlich zu zahlen sind [...]"[17]

Die Steuersätze, die während des Krieges dann mehrmals erhöht wurden, sollten je nach Höhe des Einkommens variieren. Vorgesehen war, dass sie bei weniger als einem Prozent beginnen, für Einkommen zwischen 60 und 200 Pfund Sterling dann zwei Prozent pro Jahr betragen sollten und für Einkommen über 200 Pfund Sterling pro Jahr auf einen Steuersatz von zehn Prozent anstiegen.

Um die „skandalösen Betrügereien" so klein wie möglich zu halten, sollte der Steuerzahler eine obligatorische Steuererklärung abgeben, die bei Zweifel an der Richtigkeit durch ein besonderes Verfahren überprüft würde. Die Steuerbehörden könnten eine eigene Untersuchung veranlassen und eine genaue Aufstellung des Einkommens verlangen.[18] Wenn der Steuerzahler es ablehnte, Beweise für die Richtigkeit seiner Angaben mitzuteilen, könnte die Steuerbehörde die Steuer nach eigenem Ermessen schätzen:

> „Keine Offenlegung erfolgt zwangsweise; aber wenn die Partei nichts offenlegen will, muß sie die Entscheidung der Steuerbehörde hinnehmen; die Steuerbehörde darf ohne eine vollständige Offenlegung keine Erleichterung gewähren."[19]

Im Interesse des Schutzes der Privatsphäre sah Pitt das Steuergeheimnis vor. Dieses sollte sicherstellen, dass die der Steuerbehörde offenbarten Verhältnisse des Steuerpflichtigen nicht an Dritte weitergegeben würden. Sie dürften nur zur Durchsetzung des Einkommensteuergesetzes verwendet werden.[20]

Obwohl der Finanzbedarf für die Napoleonischen Kriege dringend war, war sich Pitt bewusst, dass er mit seinem Gesetzentwurf auf heftigen Widerstand treffen würde. Seine wichtigsten Grundsätze waren die Idee der Gleichheit, der gleichmäßigen Behandlung aller Einkommen sowie der Wahrung des Prinzips der Leistungsfähigkeit. Alle Klassen sollten im Verhältnis ihrer Leistungsfähig-

---

[17] „And be it further enacted, that [...] there shall be raised, levied, collectet and paid annually, into and for the use of His Majesty, His Heiers and Successors throughout the Kingdom of Great Britain, upon all income [...] the several Rates and Duties following [...]." Ebd.

[18] Hansard, Thomas Curson: The Parliamentary History, vol 34 col. 8.

[19] Ebd.: „No disclosure is compulsary; but if the party is unwilling to disclose, he must acquiesce in the decision of the commissioners, who shall not be allowed to relieve without a full disclosure".

[20] Ebd., vol. 34 col. 9.

keit beisteuern „zur öffentlichen Verteidigung in einer Auseinandersetzung, von der Lebensstandard und das Glück aller so tief betroffen sind“.[21]

Die Gesetzesvorlage von Pitt wurde im Parlament schließlich von großer Mehrheit angenommen,[22] nachdem er wiederholt die gleichmäßige Behandlung allen Einkommens hervorgehoben und sich entschieden gegen den Vorwurf gewandt hatte, er wolle die Einkommensteuer zur Herstellung sozialer Gleichheit gebrauchen.[23] Nach seiner Ansicht „gehört das entscheidende Argument für eine Beseitigung dieses vermeintlichen Übels [der Ungleichheit] zu jenen gefährlichen Neuerungen, denen wir auch nicht einen Moment lang nachgeben sollten“.[24]

Seine Argumente hinterließen bei den Parlamentariern einen tiefen Eindruck, was sich in einer euphorischen Aussage eines Beobachters niederschlug:

> „Ich bezweifle, ob man jemals zuvor in der Geschichte beratender Versammlungen eine derartige Vorstellung erlebt hat; eine Vorstellung, gleich staunenswert wegen ihres Umfangs, ihrer Präzision und wegen des Talents des Vortragenden. Es ist eine umfassende Darstellung der Wirtschaftspolitik, eine Arbeit über praktische und theoretische Finanzprobleme, und noch dazu eine der besten, die je der Feder eines Philosophen oder Staatsmannes entsprungen ist.“[25]

Mit dem unermüdlichen Einsatz von William Pitt fanden die von den Aufklärungsphilosophen entwickelten Grundsätze der Besteuerung – das Allgemeinheits-, das Gleichmäßigkeits- sowie das Leistungsfähigkeitsprinzip – ihren Niederschlag in dem ersten wirklichen Einkommensteuergesetz vom 5. April 1799.

---

[21] Hansard, Thomas Curson: The Parliamentary History, vol. 34 col.104: „the advantages which the constitution of this country affords [...] for the public defense in a quarrel in which the comforts and the happiness of all are so deeply involved“.

[22] Großfeld, Bernhard: Die Einkommensteuer, S. 15.

[23] Ebd., S. 15.

[24] Hansard, Thomas Curson: The Parliamentary History, vol 34 col. 108: „the principle of argument that goes to remedy this supposed evil belongs to the school of dangerous innovations which we ought not for a moment to indulge.“

[25] Hansard, Thomas Curson: The Parliamentary History, vol 125 col. 1360: „From the time that deliberative assemblies have existed, I doubt whether any man ever heard a display of this nature, equally astonishing for its extent, its precision, and the talent of its author; it is a complete course of public economy: a work and one of the finest works, upon practical und theoretical finance, that ever dinstinguished the pen of a philosopher and statesman.“

Das öffentliche Misstrauen der Bevölkerung gegen die Einführung der Einkommensteuer aber blieb groß und fand seinen Niederschlag in offen ausgesprochenen Feindseligkeiten.

So hieß es, die Steuer sei:[26]

- „der Schrecken und der Abscheu jeder Gesellschaftsschicht",
- „höchst einseitig, grausam und bedrückend",
- „nachteilig für die Handelswelt [...], als unvereinbar mit den Freiheiten und Sitten der Menschen. Sie kann weder gerecht noch wirksam gestaltet werden."

Ein frustrierter Steuerpflichtiger, dessen Erklärung von der Finanzbehörde in Zweifel gezogen wurde, schrieb aufgebracht:

„Aber dieses Parlamentsgesetz hat jeden Anstand beseitigt, der unter „gentlemen" üblich war; es hat den Behörden (die sich hinter der Unterschrift des Angestellten verstecken) das gesetzliche Recht gegeben, mir zu sagen, daß sie mich für einen Lügner halten."[27]

Als am 25. März 1802 Großbritannien mit Frankreich den Friedensvertrag von Amiens schloss, verschwanden alle bei den Finanzbehörden befindlichen steuerlichen Unterlagen. Zwar hatte die Einkommensteuer den erhofften Erfolg zur Finanzierung des Krieges und damit auch letztendlich zum Friedensschluss gebracht, diese Bürde sollte jedoch „in Friedenszeiten nicht weiter auf den Schultern der Bevölkerung lasten".[28] Es war allgemeine Überzeugung, dass es keine Regierung jemals wieder wagen würde, den Menschen eine so „teuflische" Abgabe aufzubürden.[29]

3.3 Die erneute Einführung der Einkommensteuer durch Henry Addington

Nachdem Pitt seinen Rücktritt erklärt hatte, übernahm Henry Addington das Amt des Premierministers. Zwei Jahre nach seinem Amtsantritt begann am 18. Mai 1803 der Krieg mit Frankreich von Neuem. Auch diesmal war der Krieg „der Vater aller Dinge".

[26] Im Folgenden zitiert nach Großfeld, Bernhard: Die Einkommensteuer, S. 17 mit Zitaten von Sabine, Seligman und Farnsworth.

[27] Ebd., S. 17 mit Zitat nach Sabine.

[28] Ebd., S. 18.

[29] Sabine, B.E.V.: Great Budgets, 330: „diabolic".

Am 13. Juni 1803 schlug Addington die erneute Einführung einer Einkommensteuer für die Finanzierung des Krieges vor; das neue „Gesetz zur Schaffung einer Abgabe für seine Majestät auf Gewinne aus Eigentum, Besitzungen, Handel und Verwaltung" wurde vom Parlament am 1. August 1803 beschlossen und sollte „bis zum 1. Mai nach der Ratifizierung eines endgültigen Friedensvertrages" Gültigkeit haben.[30]

Addingtons Steuer wurde zum Vorbild für den lang anhaltenden Erfolg der Einkommensteuer auch außerhalb von Kriegszeiten, was auf zwei wesentliche Neuerungen zurückzuführen ist:[31] Erstens verlangte das Gesetz künftig für jede Einkunftsart eine besondere Steuererklärung. Mit dieser Aufteilung des Einkommens nach den verschiedenen Einkommensquellen war eine wesentlich bessere Kontrolle der Steuererklärung möglich (Quellenkonzept). Einkommen, das nicht ausdrücklich im Gesetz enthalten war, wurde nicht erfasst. Die zweite Neuerung bestand darin, die Steuer an der Einkommensquelle selbst zu erheben, dort, wo das Einkommen zum ersten Mal entstand und sichtbar wurde (Quellenabzugsverfahren). Bei Renten, jährlichen Zinsen, Mieten und Löhnen war es möglich, die Steuer an der Quelle zu erheben, wodurch eine Steuerhinterziehung nahezu undurchführbar wurde.

Der Steuerabzug an der Quelle war die Hauptursache für den Erfolg der Einkommensteuer, sodass Addington den Steuersatz auf fünf Prozent senken konnte.

Addington war von den Freiheitsbestrebungen in den amerikanischen Kolonien beeinflusst und überzeugt worden. Die „Söhne der Freiheit" in den Kolonien wollten Mitte des 18. Jahrhunderts nicht billigen, dass ein Parlament, in dem kein Siedler Sitz und Stimme hatte, darüber befand, dass sie Steuern zu zahlen hatten. Nach dem Motto der Kolonisten „no taxation without representation" stellte er Ausländer von der Besteuerung von Zinsen und Dividenden frei.[32]

Nach Abschluss der Napoleonischen Kriege im Jahr 1816 beschloss das englische Parlament, dass die Dokumente, die die Einkommensteuer – die als Kriegssteuer beschlossen war – betrafen, „in kleine Stücke zu schneiden und in eine Papierfabrik zu schaffen sind, so daß keine Spur von der verhassten Steuer

---

[30] „An act for granting his Majesty until the first Day of May next after the Ratification of a Definitive Treaty of Peace, a Contribution on the Profits arising from Property, Possessions, Trades and Offices."

[31] Großfeld, Bernhard: Die Einkommensteuer, S. 19 f.

[32] Ebd., S. 20 f.

übrigbleibt",[33] um durch diese symbolische Handlung das Gespenst ihrer Erneuerung „für immer" zu verscheuchen.[34]

3.4 Die Wiederaufnahme der Einkommensteuer durch Robert Peel

Es dauerte 26 Jahre, bis die chronischen Fehlbeträge des Staatshaushaltes – die nicht durch eine Kriegssituation entstanden – Premierminister Robert Peel zwangen, die Einkommensteuer auf der Basis des erfolgreichen Systems von Addington wieder einzuführen. In seiner berühmten Budgetrede vom 11. März 1842 verband er die freihändlerische Zolltarifreform mit der Wideraufnahme der Einkommensteuer. Er schlug die Einkommensteuer mit einem Steuersatz von drei Prozent als vorläufige Maßnahme für drei Jahre vor.[35]

Durch Senkung der Zölle und der Akzisen[36] hoffte er, den Verbrauch von Konsumgütern zu stimulieren und damit die Staatseinnahme vermehren zu können. Dazu brauchte es jedoch Zeit, denn seine Maßnahmen konnten erst über längeren Zeitraum wirksam werden, weshalb die Einkommensteuer bis dahin als Notbehelf gedacht war.[37]

In beiden Häusern des Parlaments gab es heftigen Widerstand, auf die Ungleichmäßigkeit und ihre „unfairness" wurde in den Parlamentsdebatten nachdrücklich hingewiesen. Um die parlamentarischen Hürden zu nehmen, setzte Peel ein starkes moralisches Mittel ein: Er beschwor das Gespenst des Zusammenbruchs, woraufhin er viele Mitglieder des Parlaments für sich gewann, die zwar die Einkommensteuer verwünschten, aber vor der schweren Verantwortung zurückwichen. Ein Zeitkritiker hat diese erpresserische Taktik wie folgt beurteilt:

[33] Sabine, B.E.V.: A History, S. 46: „to be cut into small pieces and conveyed to a paper manufactory, so that no trace oft he hated tax would remain".

[34] Mann, Fritz Karl: Steuerpolitische Ideale, S. 230.

[35] Hansard, Thomas Curson: The Parliamentary History, vol. 61 col. 439: „I propose, that for a time to be limited the income of this country should be called on to contribute a certain sum."

[36] Indirekte Verbrauchs- und Verkehrsteuern.

[37] Mann, Fritz Karl: Steuerpolitische Ideale, S. 231.

„Die Antwort auf alle Einwände war: Treffen Sie ihre Wahl; Einkommensteuer oder Bankrott; so hatte niemand den Mut, darauf eine Antwort zu geben.“[38]

Die Gegner der Einkommensteuer zweifelten kaum daran, dass die Einkommensteuer viel länger in Kraft bleiben und der zu erhebende Betrag gesteigert würde. Sie behielten recht: Die neu eingeführte Steuer wurde ständig verlängert.

Die Zustimmung für eine dreijährige Verlängerung musste sich Robert Peel im Jahr 1845 mit neuen umfassenden Zoll- und Steuersenkungen erkaufen. Auch der spätere Vorschlag des Kabinetts, die Einkommensteuer auf fünf Jahre zu verlängern und gleichzeitig den Steuersatz zu erhöhen, entsprang der ungewöhnlichen außerpolitischen Lage. England musste inmitten eines von revolutionären Erschütterungen heimgesuchten Europas seine Vormachtstellung behaupten, wofür das Haushaltsgleichgewicht gewahrt bleiben musste.[39]

3.5 Die Reform der Einkommensteuer durch William Ewart Gladstone

William Ewart Gladstone (1809–1898) war einer der bedeutendsten britischen Politiker in der zweiten Hälfte des 19. Jahrhunderts. Er war insgesamt 63 Jahre lang Mitglied des House of Commons, 27 Jahre Kabinettsmitglied und zwölf Jahre Premierminister. Bereits 1834 hatte er erstmals kleinere Ämter in der Regierung Robert Peel übernommen und hegte – wie Peel – ein grundsätzliches Misstrauen gegenüber der Einkommensteuer. Er war jedoch realistisch genug, um die von der Einkommensteuer eröffneten finanzwirtschaftlichen und politischen Chancen zu würdigen.[40] Er sah in ihr „eine Maschine von gigantischer Kraft für große nationale Zwecke“[41] und stellte ihren nationalen Verdienst in den glühendsten Farben dar: In Zeiten des Krieges sei sie eine kostbare Finanzreserve, in Friedenszeiten ein starker Hebel der fiskalischen handelspolitischen Reform.[42]

[38] Doubleday, Thomas: A Finacial, Monetray and Statistical History of England from the Revolution of 1688 to the Present Time, London 1847, S. 340.

[39] Mann, Fritz Karl: Steuerpolitische Ideale, S. 232 f.

[40] Ebd., S. 234.

[41] Zitiert nach Stafford H. Northcote: Twenty Years of Financial Policy, London 1862, S. 185.

[42] Mann, Fritz Karl: Steuerpolitische Ideale, S. 234.

Als Schatzkanzler unter Premierminister Earl of Aberdeen schlug er im Jahr 1853 eine Verlängerung der Einkommensteuer um weitere sieben Jahre vor.[43] In seiner Budgetrede am 18. April 1853 verkündete er, die Einkommensteuer solle nur noch während dieser Übergangszeit fortbestehen, von sieben auf fünf Pfund Sterling gesenkt und bis zum Jahre 1860 beseitigt werden.

Gladstones Plan war ernst gemeint, als jedoch 1854 der Krimkrieg ausbrach, wurde die Abschaffung der Einkommensteuer vertagt. Noch im Jahr 1874 versprach Gladstone im Parlamentswahlkampf ihre vollkommene Aufhebung. Die Wahl zum Premierminister gewann jedoch Benjamin Disreali, der nur vage Ankündigungen zur Einkommensteuer gemacht hatte.[44] Die Niederlage Gladstones setzte der Bewegung zur Abschaffung der Einkommensteuer ein Ende.[45]

Die Gründe für das Verschwinden der langjährigen Opposition gegen die Einkommensteuer sind vielgestaltig. Die Menschen hatten sich an die Steuer gewöhnt, die Steuersätze waren im Lauf der Jahre herabgesetzt worden, und die meisten Bürger blieben unterhalb der Einkommensgrenze, ab der die Steuer erhoben wurde.[46]

Im neuen konservativen Kabinett von Benjamin Disraeli setzte sich dann der neue Schatzkanzler Sir Stafford Northcote, der Privatsekretär von William Ewart Gladstone gewesen war, für die dauernde Beibehaltung der Einkommensteuer ein. Dies geschah, obwohl ein beispielloser Budgetüberschuss den Verzicht erleichtert hätte.[47] Die Entscheidung, die Einkommensteuer endgültig abzuschaffen, wurde unter Disraeli vertagt, nur der Steuertarif wurde gesenkt. „Die Gelegenheit zur Abschaffung der Einkommensteuer kehrte niemals wieder."[48]

---

[43] Hansard, Thomas Curson: The Parliamentary History, vol. 125 col. 1387.

[44] Mann, Fritz Karl: Steuerpolitische Ideale, S. 236.

[45] Seligman, Edwin R. A.: The Income Tax, S. 173.

[46] Großfeld, Bernhard: Die Einkommensteuer, S. 25.

[47] Haensel, Paul: Der Staatshaushalt und das Finanzsystem Großbritanniens, in: Gerloff, Wilhelm/Meisel, Franz (Hrsg.): Handbuch der Finanzwissenschaft, Bd. 3, Tübingen 1929, S. 70–102 und 6–79.

[48] Mann, Fritz Karl: Steuerpolitische Ideale, S. 237.

4 Die Entwicklung der Einkommensteuer in Deutschland

4.1 Die Reformen auf dem Gebiet der Einkommensteuer bis zur Mitte des 19. Jahrhunderts

4.1.1 Die Napoleonischen Kriege und ihre finanziellen Folgen

Zwischen 1792 und 1815 gerieten infolge der Revolution und der Napoleonischen Kriege die öffentlichen Finanzen auch im deutschen Reichgebiet aus dem Gleichgewicht. Die deutschen Staaten mussten ihre Militärausgaben steigern und mehr als zwei Jahrzehnte auf hohem Niveau halten. Zum wichtigsten Mittel, diese Finanzschwierigkeiten zu bewältigen, entwickelte sich die Verschuldung, es kam zu einer regelrechten Schuldenexplosion.[1] Die meisten deutschen Staaten gingen in verschleierter Form einmal oder mehrfach bankrott. Sie bedienten ihre Schulden teilweise verspätet oder gar nicht. Fast alle Staaten erkannten, dass sie ihr Finanzwesen von Grund auf umgestalten mussten; diese Reformen des frühen 19. Jahrhunderts waren ein Kind der Krise.[2] In einer Zeit der finanziellen Krise galt es als vordringlichstes Ziel, die staatlichen Einnahmen zu erhöhen. Überall im Staat sollten dieselben Steuern erhoben und nach der Leistungsfähigkeit bemessen werden.[3]

[1] Ullmann, Hans-Peter: Der deutsche Steuerstaat, S. 24.

[2] Ebd., S. 25.

[3] Ebd., S. 27 f.

R. Sahm, *Die Entstehung der Einkommensteuer*,
https://doi.org/10.1007/978-3-658-49069-0_4

Die rechtlichen Schranken fielen 1806 mit dem Ende des Heiligen Römischen Reiches Deutscher Nation. Unter dem Druck von Napoleon Bonaparte schloss sich eine Reihe deutscher Staaten zu einem Staatenbund zusammen, der sich als Rheinbund bezeichnete. Im Gefolge der Rheinbundgründung legte Kaiser Franz II. am 6. August 1806 die deutsche Kaiserkrone ab. Das Heilige Römische Reich Deutscher Nation hatte damit aufgehört zu bestehen.[4]

Nun waren auf dem Territorium des ehemaligen Heiligen Römischen Reiches Deutscher Nation unterschiedliche Staatengruppierungen entstanden. Die erste Gruppierung bestand aus dem Kaiserreich Österreich mit den nationalen Gebieten, die zweite bestand aus dem Rheinbund und die dritte aus einzelnen Staaten bzw. staatlichen Gebilden.

4.1.2 Neuregelung des Steuersystems im Königreich Preußen

Das Königreich Preußen als größter Bundesstaat war unter diesen Gegebenheiten nicht nur isoliert, sondern auch das politische und militärische Ziel des französischen Kaisers. Einer militärischen Auseinandersetzung mit Frankreich war Preußen aus vielerlei Gründen nicht gewachsen, sodass es zwischen Oktober 1806 und Juni 1807 besiegt werden konnte. Im Juni 1807 kam es zu Friedensverhandlungen in Tilsit, in denen Napoleon Bedingungen stellte, die für das Königreich verheerend waren. Preußen verlor nicht nur einen großen Teil seines Territoriums, sondern wurde neben politischen und militärischen Demütigungen zu außerordentlichen Kontributionen und Leistungen für die französischen Streitkräfte verpflichtet.[5] Napoleon machte zur Bedingung, dass er seine Truppen erst aus Preußen abziehen werde, wenn die Kontributionen in Höhe von zwölf Millionen Francs beglichen seien.[6] Es war deshalb ein hochpolitisches Anliegen der preußischen Staatsmänner, dafür zu sorgen, dass diese Kontributionen möglichst bald und vollständig aufgebracht wurden. Das war jedoch nicht ohne Weiteres möglich, denn nach dem Tilsiter Vertrag hatte das Königreich Preußen

[4] Schlosser, Friedrich Christoph: F. C. Schlossers Weltgeschichte für das deutsche Volk. Bd. 18, Frankfurt am Main 1856, S. 113 f.

[5] Schmoller, Gustav: Die Epochen der preußischen Finanzpolitik, Separatabdruck aus: Jahrbuch Gesetzgebung, Verwaltung und Volkswirtschaft 1 (1877), S. 3–114 und 80.

[6] Kumpf, Johann Heinrich: 5000 Jahre Steuern und Zölle. Die finanzgeschichtliche Schausammlung der Bundesfinanzakademie in Brühl, Brühl 1996, S. 75.

vierundfünfzig Prozent seiner Einwohner und mehr als die Hälfte seines Territoriums verloren.[7]

Es war keine leichte Aufgabe, dem verarmten Land wesentlich höhere Steuerlasten als vor 1806 aufzuerlegen, die zahllosen verschiedenen Steuersysteme in ein einheitliches Werk zu verwandeln und dabei das gewachsene Finanzsystem von Grund auf zu reformieren.[8] Die Idee einer allgemeinen Einkommensteuer wurde bereits zum ersten Mal im Jahr 1806 von Heinrich Friedrich Karl Freiherr vom und zum Stein, der von 1804 bis 1807 Preußischer Handelsminister war, propagiert. Noch vor dem Ausbruch des Krieges mit Frankreich schlug er eine Steuer „vom ganzen Einkommen jedes Bewohners der Monarchie“[9] als Kriegssteuer vor. Nach dem Bericht vom 26. September 1806 sollten die Einkünfte aus dem liegenden, nutzbaren Vermögen, „und zwar aus Amt, Gewerbe, Handel, Kapital, Grundeigentum und Häusern, Domänen und Privatverpachtungen“[10] besteuert werden. Steuergrundlage sollte dabei nur das reine Einkommen sein, also jenes, das nach Abzug der Schulden, Realkosten etc. verblieb.[11] Damit wurde bereits zu Beginn des 19. Jahrhunderts das noch heute geltende objektive Nettoprinzip berücksichtigt.[12]

Vom Stein folgte dem Vorbild von Addingtons Einkommensteuer und empfahl eine obligatorische Steuererklärung. Er schlug außerdem ein steuerfreies Existenzminimum sowie einen progressiven Steuersatz vor, beginnend mit einem Prozent auf das geringste und aufsteigend bis zu dreißig Prozent für das höchste Einkommen.[13]

Für die preußische Staatsführung gab es nach dem Tilsiter Vertrag nur zwei Möglichkeiten: Staatsbankrott oder die grundlegende Reform der Gesellschaft.[14]

---

[7] Kleine Enzyklopädie Deutsche Geschichte, Leipzig 1965, S. 216; Sahm, Reiner: Zum Teufel mit der Steuer! 5000 Jahre Steuern – ein langer Leidensweg der Menschheit, Wiesbaden 2012, S. 224.

[8] Schmoller, Gustav: Die Epochen der preußischen Finanzpolitik, S. 82.

[9] Immediatbericht vom 26.09.1806, in: Botzenhart/Hubatsch/Thielen (Hrsg.), Freiherr vom Stein, Briefe und amtliche Schriften, Bd. 2 (1959), S. 280.

[10] Kramer, Hans-Helmuth: Die Entwicklung der preussischen Steuerverfassung im 19. Jahrhundert, Dissertation, München 1970, S. 28.

[11] Böhmer, Marlene B.: Preußische Steuern unter dem Aspekt der Steuergerechtigkeit, Marburg 2004, S. 115.

[12] Özdemir, Didim: Die Entwicklung und der Aufstieg der Einkommensteuer, S. 26.

[13] Großfeld, Bernhard: Die Einkommensteuer, S. 29.

[14] Ziegler, Dieter: Das Zeitalter der Industrialisierung (1815–1914), in: North, Michael (Hrsg.): Deutsche Wirtschaftsgeschichte. Ein Jahrtausend im Überblick, 2. Aufl., München 2005, S. 197–286 und 198.

Vom Stein beschloss, die Domänen zu veräußern, und führte in Ostpreußen und Litauen, dann auch in Westpreußen eine progressive Einkommensteuer zur Abzahlung der französischen Kontributionen ein, das „Reglement, das Kriegsschuldenwesen der Provinz Ostpreußen und Litthauen und der Stadt Königsberg insbesondere den 23. Februar 1808 betreffend". Dies war das erste deutsche Einkommensteuergesetz überhaupt.[15]

Nach dem Gesetz vom 23. Februar 1808 sollte

> „von sämmtlichen Eigenthümern und Einwohnern der Städte und des platten Landes in Ostpreußen und Lithauen, vom Militair- und Zivil-Stande, ohne alle Ausnahme als die, welche sich aus dem etwaigen gänzlichen Unvermögen von selbst ergiebt, eine Einkommensteuer so lange erhoben werden, bis das Kriegsschuldenwesen gänzlich getilgt seyn wird."[16]

Die Einkommensteuer basierte auf dem Prinzip der Leistungsfähigkeit und erforderte eine obligatorische Steuererklärung. Das Gesetz übernahm in einigen Teilen Einzelheiten des englischen Systems, sah jedoch keinen Steuerabzug an der Quelle vor.[17]

Die Opposition bangte um ihre Privilegien, namentlich beim Adel löste das Vorhaben Proteste aus, was vom Stein zum Anlass nahm zu erklären, dass man auf die Opposition keine Rücksicht nehmen dürfe. Es herrsche da – er meinte damit vor allem den kurmärkischen Adel – ein tief verwurzelter Egoismus, verbunden mit halber Bildung und gemütsloser Rohheit.[18] Vom Stein erklärte die Einkommensteuer für die billigste Abgabe, „da sie alle Staatsbürger und alle Quellen des Nationalwohlstandes gleichmäßig treffe".[19]

In seiner Denkschrift aus dem Jahr 1810 heißt es: „Die Prinzipien der Besteuerung, das Verfahren bei der Ausmittlung des Ertrags, das Verfahren bei der Erhebung sind bekannt und es ist überflüssig, sich weiter darüber zu verbreiten."[20]

---

[15] Schmoller, Gustav: Die Epochen der preußischen Finanzpolitik, S. 84.

[16] Zitiert in: Kumpf, Johann Heinrich: 5000 Jahre Steuern und Zölle, S. 75.

[17] Teschemacher, Hans: Die Einkommensteuer und die Revolution in Preußen (1912), S. 14; Großfeld, Bernhard: Die Einkommensteuer, S. 30.

[18] Schmoller, Gustav: Die Epochen der preußischen Finanzpolitik, S. 84.

[19] Ebd., S. 84.

[20] Denkschrift über die Hauptgegenstände der Preußischen Verwaltung, Juli 1810, in: Pertz, Georg Heinrich: Das Leben des Ministers Freiherr vom Stein, Bd. 1, Berlin 1850, S. 492.

Vor dem Hintergrund der unerträglichen finanziellen Situation des Landes, entschied sich Preußens Ministerpräsident von Hardenberg „mit dem stärksten Widerstreben" doch für die Einführung der Einkommensteuer.[21]

Der Plan einer Übernahme auf die übrigen preußischen Provinzen musste aufgegeben werden, der Widerstand des Adels, der Städte und der Beamtenschaft war zu heftig. Durch Edikt vom 7. September 1811 wurde das Einkommensteuergesetz nach nur dreieinhalb Jahren wieder aufgehoben,[22] obwohl der Zweck des Reglements vom 23. Februar 1808, die Notsteuer so lange zu entrichten, bis die Kriegsschuld abgetragen, nicht annähernd erfüllt worden war.[23]

Anhaltende Finanznöte zwangen von Hardenberg bereits kurze Zeit später, am 6. Dezember 1811, eine neue Einkommensteuer einzuführen, die zwar nicht dem Namen, jedoch der Sache nach eine Einkommensteuer war, um Erträge zur Verpflegung der französischen Truppen erbringen zu können: das „Edikt betreffend die Erhebung der Beiträge zur Verpflegung der französischen Truppen in den Oder-Festungen und auf den Märschen".

Die Steuer hatte einen progressiven Verlauf, der nicht bis zu einem bestimmten Maximaleinkommen begrenzt wurde, sondern pro 100 Taler grenzenlos stieg. Die Eingruppierung der Steuerpflichtigen in die Steuerklassen wurde geschätzt, wobei die Schätzung durch Klassifikations-Kommissionen erfolgte.[24] Sofern der Verdacht auf eine Steuerhinterziehung bestand, sah das Gesetz „die Veröffentlichung der Namen von Steuerhinterziehern vor."[25]

Die geringen Erfolge bei dem Versuch, das Finanzsystem mithilfe der eingeführten Einkommensteuer zu reformieren, führten in der Folgezeit zu einem Anwachsen der Staatsschulden. Diese betrugen Ende 1812 insgesamt 131,7 Mio. Taler und stiegen bis zum Jahr 1820 auf 180 Mio. Taler an.[26] Die Rückzahlung der Staatsschuld wurde als Ehrensache dargestellt, was in Anbetracht der Tatsache, dass die adligen Großgrundbesitzer, die die größten Gläubiger des Lan-

[21] Großfeld, Bernhard: Die Einkommensteuer, S. 31.

[22] Mann, Fritz Karl: Steuerpolitische Ideale, S. 241.

[23] Özdemir, Didem: Die Entwicklung und der Aufstieg der Einkommensteuer, S. 32.

[24] Ebd., S. 32 f.

[25] Gehm, Matthias: Zur Geschichte der Anfänge des deutschen Einkommensteuerrechts, Steuer und Studium 2008, S. 188.

[26] Schmoller, Gustav: Die Epochen der preußischen Finanzpolitik, S. 81.

des waren und maßgebenden Einfluss auf die preußische Politik hatten, nicht verwunderlich war.[27]

Um die verheerende finanzielle Situation angesichts der Besatzung durch die französischen Truppen zu vermindern, führte von Hardenberg – noch bevor das Edikt zur Verpflegung der französischen Truppen vom 6. Dezember 1811 wieder aufgehoben wurde[28] – eine weitere Einkommensteuer ein, die mit einer Vermögensteuer verbunden wurde: das „Edikt wegen der Erhebung einer Vermögen- und Einkommensteuer“ vom 24. Mai 1812. Darin heißt es:

> „So erfordern sie [die Bedürfnisse] dennoch eine außerordentliche Anstrengung der gesamten Kräfte des Staates und wir sehen uns um so mehr genötigt, zu diesem Zweck das Vermögen aller unserer Unterthanen in Anspruch zu nehmen, als nur hierdurch und durch eine gleichmäßige Verteilung aller Lasten den von uns übernommenen Verpflichtungen [gegenüber den Franzosen] und dem, was die Gerechtigkeit gegen alle unsere Unterthanen fordert, genügt werden kann.“[29]

Die Vermögensteuer galt als eine besondere Erhebungsform der Einkommensteuer, jeder Steuerpflichtige hatte drei Prozent seines Privatvermögens auf den Staat zu übertragen.[30] Daneben waren die „Unterthanen, die noch ein besonderes Einkommen, es mag durch den Ertrag eines Gewerbes, einer Besoldung, aus Emolumenten, aus einer Pension, einer Leibrente, oder auf welche Art es sonst wolle, sich bilden“ zu besteuern.[31]

Die preußische Einkommensteuer von 1812 folgte dem Vorbild von William Pitt von 1798/1799. Das Einkommen wurde als Gesamtsumme erfasst, bei Löhnen und Gehältern für öffentliche Bedienstete gab es den Steuerabzug an der Quelle.[32] Bei einem jährlichen Einkommen zwischen 100 und 300 Talern betrug der Steuersatz zwischen einem halben und einem Prozent, ab einem jährlichen

---

[27] Spoerer, Mark: Steuerlast, Steuerinzidenz und Steuerwettbewerb. Verteilungswirkungen der Besteuerung in Preußen und Württemberg (1815–1913) (Jahrbuch für Wirtschaftsgeschichte, Beiheft 6), Berlin 2004, S. 131.

[28] Özdemir, Didem: Die Entwicklung und der Aufstieg der Einkommensteuer, S. 33.

[29] Edikt wegen der Erhebung einer Vermögens- und Einkommensteuer, 24. Mai 1812, Gesetz-Sammlung für die Königlichen Preußischen Staaten 1812, S. 49.

[30] Özdemir, Didem: Die Entwicklung und der Aufstieg der Einkommensteuer, S. 33.

[31] Ebd., S. 34.

[32] Instruktion und Anweisung wegen Ausführung des Ediktes, die Erhebung einer Vermögens- und Einkommensteuer betreffend, vom 24. Mai 1812, Gesetz-Sammlung für die Königlichen Preußischen Staaten 1812, § 42, Fn. 130.

Einkommen über 300 Talern betrug dieser fünf Prozent. Der Steuerzahler hatte eine obligatorische Steuererklärung abzugeben, die nur bei einem dringenden Verdacht durch eine gründliche und umfassende Untersuchung der Angaben erfolgen sollte. Zwar sah einerseits ein mildes Verwaltungsverfahren das Folgende vor:

> „Bei der Erhebung der Steuer soll jede gehäßige Form und fiskalische Vexation vermieden werden. Der Steuerpflichtige schätzt sein Vermögen und sein Einkommen vorläufig selbst ab. Den anzuordnenden Kommissionen bleibt die Beurtheilung vorbehalten, ob eine Untersuchung nöthig sey [...].“[33]

Andererseits erfolgten harte Maßnahmen bei Steuerhinterziehungen. Diese Steuerhinterziehungen sollten durch Einziehung der Hälfte des verschwiegenen Vermögens bestraft werden. Hoheitlichen Druck konnte auch ausgeübt werden, wenn die Steuererklärung verzögert abgegeben wurde. In diesem Fall konnte die Steuerkommission die Steuer nach ihrem Ermessen festsetzen.[34] Die Steuerbeamten unterlagen einem strengen Steuergeheimnis, das so weit gehen konnte, dass ein Verstoß gegen diese Pflicht mit harten Strafen bis hin zum Verlust der Stellung führen konnte.[35]

Auch die preußische Einkommensteuer von 1812 hatte ein kurzes Leben. Unmittelbar nach dem Sieg über Napoleon wurde sie durch Gesetz vom 7. September 1814 beseitigt. Als Kriegssteuer war sie nie als Teil des normalen Finanzsystems akzeptiert worden und war außerordentlich unpopulär, was zu unbefriedigenden Konsequenzen in späteren Zeiten führen sollte.[36]

Der Widerstand gegen die Einkommensteuer und die Unehrlichkeit im Rahmen der Selbstdeklaration führten 1820 unter von Hardenberg dazu, dass eine Umstellung auf eine Klassensteuer erfolgte.[37] Die Einkommensteuer stand nicht mehr zur Debatte, stattdessen erfolgte eine Klassifikation „ausschließlich nach Statuskriterien wie Lebensweise, Ton und Benehmen im Umgang.“[38]

Das „Gesetz wegen Einführung einer Klassensteuer“ vom 30. Mai 1820 sollte

---

[33] Edikt wegen der Erhebung einer Vermögens- und Einkommensteuer, 24. Mai 1812, Gesetz-Sammlung für die Königlichen Preußischen Staaten 1812, § 13.

[34] Großfeld, Bernhard: Die Einkommensteuer, S. 33.

[35] Ebd., S. 33.

[36] Seligman, Edwin R. A.: The Income Tax, S. 226.

[37] Von Sicherer, Klaus: Einkommensteuer, 3. Aufl., München/Wien 2005, S. 20.

[38] Wehler, Hans-Uhlrich: Deutsche Gesellschaftsgeschichte 1815–1848/1849, München 1987, S. 377.

> „zwischen einer ohne genaues Eindringen in die Vermögensverhältnisse der Pflichtigen nicht ausführbaren und deshalb immer gehässigen Einkommensteuer und einer die Gesammtmasse aller Einwohner ohne allen Unterschied gleich treffenden Kopfsteuer die Mitte halten."[39]

Diese Steuer beruhte im Wesentlichen auf Schätzungen, um ein genaues Eindringen in die Verhältnisse des Steuerpflichtigen zu vermeiden. Eine Berücksichtigung der individuellen Verhältnisse war der Klassensteuer fremd.

Ebenso wie in den Einkommensteuergesetzen von 1808 und 1812 wurde ein steuerfreies Existenzminimum nicht gewährt. Die Einzigen, die keine Steuer zu entrichten hatten, waren die unter Vierzehnjährigen. Die übrige Bevölkerung wurde nach Einschätzung ihrer Vermögenslage in fünf Klassen eingeteilt, was jedoch bald zu großer Unzufriedenheit der Steuerpflichtigen führte, da die Leistungsfähigkeit unbeachtet blieb. Schon anderthalb Jahre nach der Einführung wurden die Klassen zwei- bzw. dreifach unterteilt, um so zumindest in Ansätzen die Leistungsfähigkeit zu beachten.[40]

Doch auch diese weitere Unterteilung war nicht ausreichend, es wurde kritisiert, dass die Unterschiede in den einzelnen Klassen zu groß seien, was dazu führte, dass im Jahr 1828 weitere Zwischenstufen eingefügt wurden. Diese Einführung der Zwischenstufen sorgte dafür, dass die Klassensteuer sowie die ebenfalls im Jahr 1820 eingeführte Mahl- und Schlachtsteuer, die für insgesamt 132 Kleinstädte und das platte Land galt, fast zwei Jahrzehnte in Preußen ohne große Veränderungen beibehalten wurde.[41]

4.1.3 Kritik an unfreundlichen Amtsgehilfen und Actuaren

Wenn auch der Fiskus „genaues Eindringen in die Vermögensverhältnisse der Pflichtigen" wegen der „immer gehässigen Einkommensteuer" verhindern wollte, so war es doch nicht zu vermeiden, dass Steuerzahler nicht immer sanft behandelt

---

[39] Klassifikations-Merkmale und allgemeine Bestimmungen, nach denen bei der Veranlagung des Klassensteuerpflichtigen dem § 3 des Gesetzes vom 30. Mai d. J. gemäß zu verfahren ist, vgl. Schimmelfennig, F. G.: Die preußischen direkten Steuern, Berlin 1831, S. 73.

[40] Özdemir, Didem: Die Entwicklung und der Aufstieg der Einkommensteuer, S. 37.

[41] Ebd., S. 37 f.

wurden, wie die Anordnung vom 7. Dezember 1830 der Königlichen Finanzkammer für den Neckarkreis an das Kameralamt Ludwigsburg belegt.

Darin heißt es:

> „Es ist Seiner Königlichen Majestät von mehreren Seiten her bekannt geworden, und auch durch widerholte Beschwehrden mehrerer in den Audienzen erschienener Unterthanen bestätigt worden, daß verschiedene Oberamtsgerichts- und Oberamtsactuare [...] in Ausübung amtl. Geschäffte gegen die vor ihnen erscheinenden Partheien sich nicht selten auf eine hefftige, barsche und unziemliche Weise benehmen; statt deren Anliegen und Beschwehrden mit Geduld und Aufmerksamkeit anzuhören, zu prüfen, und ihnen angemessene Belehrung oder ihnen geeigneten Bescheid zu erteilen, dieselben hart anfassen (?) und so schnell wie möglich wieder aus der Amtsstube zu entfernen bemühet sind. Seine Königliche Majestät haben daher dem K. Ministerium der Justiz, des Innern, und der Finanzen den Auftrag ertheilt, die Bezirksbeamten auf dieses unziemliche, die Unterthanen zur Unzufriedenheit und zu Klagen aufreizende Benehmen vieler ihrer Gehülfen aufmerksam zu machen und dieselben anzuweisen, solche Subjecte mit Ernst und Nachdruck zu einem angemessenen Benehmen in ihren amtlichen Functionen anzuhalten, indem es der ernstliche Wille Seiner Königlichen Majestät sey, daß höchst Ihre Unterthanen, wenn sie zu Betreibung und Erledigung ihrer Angelegenheiten vor den Ämtern erscheinen, mit Schonung, Geduld und Anstand behandelt werden."[42]

4.1.4 Die Entwicklung bis zur Paulskirchenverfassung 1849

Im Gefolge des Wiener Kongresses 1814/1815 kam es in den deutschen Staaten zu einigen grundlegenden territorialen Veränderungen sowie zum Entstehen des Deutschen Bundes. Da die wesentlichen Souveränitätsrechte den Mitgliedern des Deutschen Bundes überlassen waren, blieben dem Bund selbst nur geringfügige eigene finanzwirtschaftliche Funktionen. Der Deutsche Bund umfasste fünfunddreißig Monarchien bzw. Fürstentümer und vier Freie Städte mit eigenem individuellem Finanzsystem, das Steuerbewilligungsrecht übernahmen die Parlamente.[43]

Am 22. März 1833 schlossen sich der Preußisch-Hessische Zollverein, der Mitteldeutsche Handelsverein und der Süddeutsche Zollverein zum Deutschen

---

[42] Zitiert nach Kumpf, Johann Heinrich: 5000 Jahre Steuern und Zölle, S. 83.

[43] Kellenbenz, Hermann: Deutsche Wirtschaftsgeschichte, S. 156; Sahm, Reiner: Zum Teufel mit der Steuer!, S. 226 f.

Zollverein zusammen, was zur Folge hatte, dass unter dem Einfluss des Nationalökonomen Friedrich List die Binnenzölle bis zur Reichsgründung 1871 schrittweise zurückgedrängt wurden. Mit dem Deutschen Zollverein wurde ein einheitliches deutsches Wirtschaftsgebiet geschaffen, was als Vorstufe zur politischen Einigung angesehen wurde.[44]

Es waren nicht nur die Privilegierten, die sich gegen die steuerpolitischen Vorhaben zur Wehr setzten. Auch innerhalb der bäuerlichen Bevölkerung und der städtischen Einwohnerschaft kam es immer wieder zur Auflehnung gegen neue steuerliche Belastungen. Branntwein-, Bier-, Mahl- und Schlachtsteuern breiteten sich aus, was zu offenem Widerstand der bäuerlichen Bevölkerung führte, die selbst vor tätlichen Angriffen auf Steuereinnehmer nicht zurückschreckte. In Schlesien entzündete sich 1811 der Volkszorn, bewaffnete Bauern zogen durch das Land, deren Widerstand gegen die Steuern erst nach Einsatz des Militärs unter Kontrolle gebracht werden konnte.[45] 1830 musste das Militär in Kurhessen eingesetzt werden, um gegen den offenen Aufruhr vorzugehen. Fast alle Schichten der Bevölkerung der Provinz Hanau beteiligten sich an dem „Mautensturm", dem fast alle Zolleinrichtungen zum Opfer fielen.[46]

Die Revolution von 1848/49 begann und endete ebenfalls mit Steuerprotesten. So richteten sich die Agrarunruhen, die im März 1848 ausbrachen, auch gegen die staatlichen Abgaben, die vielfach als zu hoch und ungerecht verteilt empfunden wurden.[47] Nach diesen Unruhen riefen die Rustikalvereine dazu auf, die Steuerprivilegien der Landeigentümer abzuschaffen. Als Reaktion auf demütigende Entscheidungen des Königs beschloss die preußische Nationalversammlung am 15. November 1848, dass die preußische Regierung nicht mehr berechtigt sei, Steuern zu erheben oder über sie zu verfügen. Dies gab den Anstoß zu einer breiten Steuerverweigerungskampagne in den preußischen Provinzen, die im Wesentlichen von den Bonner Demokraten Carl Schurz und Gottfried Kinkel unterstützt wurde.[48]

Als eine der Ursachen der Steuerproteste wurde von dem ehemaligen preußischen Finanzminister David Hansemann im Jahr 1850 rückblickend festgestellt:

---

[44] Lütge, Friedrich: Deutsche Sozial- und Wirtschaftsgeschichte, S. 467; Kumpf, Johann Heinrich: 5000 Jahre Steuern und Zölle, S. 89.

[45] Ullmann, Hans-Peter: Der deutsche Steuerstaat, S. 49.

[46] Ebd., S. 50.

[47] Kumpf, Johann Heinrich: 5000 Jahre Steuern und Zölle, S. 78.

[48] Ebd., S. 79; Sahm, Reiner: Zum Teufel mit der Steuer!, S. 131.

„Daß der Grundsatz der gleichmäßigen Besteuerung [...] nicht längst zur Ausführung gekommen ist, betrachte ich als eine der Ursachen der Revolution.“[49] Schon die Verfassungsentwürfe aus der Zeit vor dem Zusammentreten der Nationalversammlung enthielten grundrechtliche Bestimmungen, die auch die Forderung nach einem Gleichheitssatz im Steuerrecht einschlossen.[50] Das von der Nationalversammlung vorgefundene Steuerrecht in den einzelnen deutschen Staaten wies eine Fülle von Ungleichheiten und Begünstigungen auf, die sachlicher und persönlicher Art waren. Da die überkommenen Ungleichheiten von vielen Reformern als untragbar angesehen wurden, wurde bereits von der Vorkommission des Verfassungsausschusses die Formulierung von der „Gleichheit der Besteuerung für Personen und Sachen“ beschlossen.[51]

Die Nationalversammlung verabschiedete nach vielen kontroversen Debatten die Verfassung des deutschen Reiches vom 28. März 1849 (Paulskirchenverfassung).[52] Danach enthielt der Paragraf 173 als lex specialis zu Paragraf 137 Absatz 3 („Die Deutschen sind vor dem Gesetze gleich.“) eine besondere Ausprägung des allgemeinen Gleichheitssatzes: „Die Besteuerung soll so geordnet werden, daß die Bevorzugung einzelner Stände und Güter im Staat und Gemeinde aufhört.“ Die Vorschrift des Paragrafen 173 wurde einhellig als Gebot der Besteuerungsgleichheit und als Verpflichtung zur Rechtsetzungs- und Rechtsanwendungsgleichheit im Steuerrecht aufgefasst, enthielt jedoch keine Vorgaben für die Ausgestaltung des künftigen Steuersystems.[53]

Mit der Verabschiedung der Paulskirchenverfassung wählten die Parlamentarier den preußischen König zum Kaiser der Deutschen. Der preußische König Friedrich Wilhelm IV. lehnte jedoch die Kaiserkrone und die Anerkennung der Reichsverfassung ab, was zu bewaffneten Auseinandersetzungen führte. Die Aufstände wurden niedergeschlagen, die Revolution in Deutschland fand mit der Kapitulation von Rastatt vor dem preußischen Korps am 23. Juli 1849 ihr Ende.[54]

---

[49] Hansemann, David Justus Ludwig: Das Preußische und Deutsche Verfassungswerk. Mit Rücksicht auf mein politisches Wirken, 2. Aufl., Berlin 1850, S. 103.

[50] Kempny, Simon: Die Staatsfinanzierung nach der Paulskirchenverfassung. Eine Untersuchung des Finanz- und Steuerverfassungsrechts der Verfassung des deutschen Reiches vom 28. März 1849, Tübingen 2011, S. 164.

[51] Ebd., S. 165 f.

[52] RGBl. 1849, 16tes Stück, S. 101–148.

[53] Kempny, Simon: Die Staatsfinanzierung, S. 184–189.

[54] Sahm, Reiner: Zum Teufel mit der Steuer!, S. 232.

4.2 Der Durchbruch der Idee der Einkommensteuer ab Mitte des 19. Jahrhunderts

Die Revolution von 1848/49 brachte Schwung in die Diskussion um eine allgemeine Einkommensteuer und verlieh ihr neue Bedeutung.[55] Die sich verändernden politischen Verhältnisse und die damit verbundenen Ideen bewirkten, dass man sich in der deutschen Finanzliteratur ein volles Jahrzehnt fast ausschließlich mit dieser Steuerform beschäftigte.[56] Ihre Einführung sollte theoretisch untermauert und die klassischen Einwände – Ungerechtigkeit und Unmöglichkeit ihrer Einführung – entkräftet werden,[57] wobei die „verhasste Zwangsabgabe“ als eine logische Folgerung aus dem klassischen Individualismus verteidigt wurde.[58]

Neben den großen politischen Veränderungen war die Epoche entscheidend durch die Industrialisierung geprägt. Die eher rückständigen deutschen Staaten entwickelten sich im europäischen Vergleich zu führenden Industriestandorten. Hatte zu Beginn des 19. Jahrhunderts der Anteil der Gesamtbevölkerung, der in der Landwirtschaft beschäftigt war, bei knapp zwei Dritteln gelegen, fiel er um die Jahrhundertmitte auf etwa 55 Prozent und ein Vierteljahrhundert später auf knapp unter 50 %.[59] Mit dem Vordringen der Lohnarbeit kam es zur Herausbildung einer neuen sozialen Klasse: der Fabrikarbeiterschaft. Eine rasch wachsende Bevölkerungsgruppe wurde zu Lohn- und Gehaltsempfängern. Daneben wurde die alte, durch ständische Privilegien strukturierte Feudalgesellschaft von der wesentlich durch Besitz oder Nichtbesitz von Kapitalgütern strukturierten Marktgesellschaft abgelöst.[60] Es gab immer mehr Personen, die ein Zinseinkommen aus Kapitalmarktpapieren erhielten.

Im Verlauf der Industrialisierung mit ihren neuen Produktionsverfahren, Produkten und Produktionsstätten schwand der Glaube, die steuerbaren Erträge der

---

[55] Wilke, Gustav: Die Entwicklung der Theorie des staatlichen Steuersystems in der deutschen Finanzwissenschaft des 19. Jahrhunderts, in: Finanz-Archiv 38 (1921), S. 1–108 und 56.

[56] Meyer, Robert: Die Principien der gerechten Besteuerung in der neueren Finanzwissenschaft, Berlin 1884, S. 83 f.

[57] Mann, Fritz Karl: Steuerpolitische Ideale, S. 242.

[58] Ebd., S. 244.

[59] Ziegler, Dieter: Das Zeitalter der Industrialisierung (1815–1914), in: North, Michael (Hrsg.): Deutsche Wirtschaftsgeschichte. Ein Jahrtausend im Überblick, 2. Aufl., München 2005, S. 197–286 und 285.

[60] Ebd., S. 286.

steuerbaren Objekte anhand von Kombinationen äußerer Merkmale hinreichend genau abschätzen zu können.[61] Die sich ungerecht besteuert fühlenden Bürger beanstandeten die Belastung der fundierten Einkunftsarten[62] aus den Quellen Grund und Boden, Gebäude und Gewerbebetrieb.[63] Zumal weder Löhne noch Zinseinkommen von den objektiven Ertragsteuern gar nicht und von den übrigen Steuern nur unzureichend – wenn überhaupt – erfasst wurden. Dies verstieß nicht nur gegen das Gerechtigkeitsprinzip, der Staat sah hier insbesondere ein neues Einnahmepotenzial, das er noch nicht richtig ausschöpfen konnte.[64]

Der Durchbruch der Industrialisierung, zunächst beschränkt auf einige wenige Sektoren und Regionen bis hin zur Hochindustrialisierung, veränderte die gesamte Gesellschaft. Denn nicht nur eine neue Wirtschaftsordnung, die Marktwirtschaft, setzte sich im 19. Jahrhundert durch, sondern auch der Staat begann, sich von einem Rechts- zu einem Rechts-, Sozial-, Lenkungs- und Leistungsstaat zu wandeln. Die schwerfälligen und zunehmend als ungerecht empfundenen Katastersteuern waren für eine aktive Wirtschafts-, Sozial- und Finanzpolitik denkbar ungeeignet und darüber hinaus fiskalisch nicht ergiebig genug.[65]

Eine allgemeine Einkommensteuer erschien geeigneter. Zumal sie, so betonte 1877 eine der bedeutendsten Persönlichkeiten der deutschen Freihandelsbewegung, der deutsche Nationalökonom, Publizist und Politiker John Prince-Smith, nicht in die vom freien Wettbewerb hervorgebrachte Einkommensverteilung eingreife:

> „Sie mischt sich gar nicht in die Produktion und Konsumtion, sondern hält sich lediglich an das Ergebniss. Sie lässt volle Freiheit des Erwerbens und nimmt erst vom Erworbenen. Und hierin liegt ihr grosser volkswirthschaftlicher Vorzug. Sie mindert, wie jede Besteuerung, die Fähigkeit, das Kapital zu mehren; aber sie richtet

---

[61] Schremmer, Eckart: Über „gerechte Steuern“, S. 20.

[62] Fundiertes Einkommen ist das auf Vermögen beruhende Einkommen. Unfundiertes Einkommen ist das nicht auf Vermögen beruhende, sondern aus Arbeit und Dienstleistungen stammende Einkommen; vgl. http://wirtschaftslexikon.gabler.de/Definition/unfundiertes-einkommen.html (letzter Zugriff: 14.04.2023).

[63] Schremmer, Eckart: Zusammenhänge zwischen Katastersteuersystem, Wirtschaftswachstum und Wirtschaftsstruktur im 19. Jahrhundert. Das Beispiel Württemberg: 1821–1877/1903, in: Bog, Ingomar u. a. (Hrsg.): Wirtschaftliche und soziale Strukturen im saekularen Wandel. Festschrift für Wilhelm Abel zum 70. Geburtstag, Bd. 3, Hannover 1974, S. 679–706 und 688 f.

[64] Schremmer, Eckart: Über „gerechte Steuern“, S. 20.

[65] Ebd., S. 20; Ziegler, Dieter: Das Zeitalter der Industrialisierung, S. 197–286.

> nicht, neben dem Schaden des Fortnehmens, noch durch die Art des Nehmens weiteren Schaden an, wie andere Steuern es thun. Sie erzeugt keinen Beweggrund, Produktion und Konsumtion anders einzurichten, als nach den rein volkswirthschaftlichen Bedingungen für den höchsten Ertrag. Sie erzeugt also kein Bestreben, sie abzuwälzen oder ihr auszuweichen, denn beides ist untuhnlich."[66]

Hinzu kam, dass die parlamentarische Demokratie ihr Steuerbewilligungsrecht am wirksamsten bei den direkten Steuern ausüben konnte. Die Volksvertreter konnten zwischen den Opfern der Steuerpflichtigen und den öffentlichen Leistungen des Staates abwägen und ihren Willen der jeweiligen Regierung auferlegen. Damit gab die liberale Ideologie dem Plan einer allgemeinen Einkommensteuer auch ein politisches Fundament.[67]

4.2.1 Die individualistischen Lehrmeinungen

Nach und nach rückte in den theoretischen Schriften das Individuum in den Mittelpunkt der Überlegungen zur Besteuerung. Dabei wurde zunehmend das herrschende Äquivalenzprinzip vom Leistungsfähigkeitsprinzip verdrängt. Eine Steuer sollte nicht mehr als eine Art Marktpreis festgesetzt, sondern nach der persönlichen Leistungsfähigkeit der Steuerträger bemessen werden.[68] Die ganz auf das Individuum zugeschnittene steuerliche Leistungsfähigkeit und die darauf ausgerichtete Steuerlastverteilung galten den Autoren als das Höchstmaß an erreichbarer Gerechtigkeit. Aber auch wegen ihrer fiskalischen Ergiebigkeit, ihrer Anpassung an Struktur- und Wachstumsänderungen der Wirtschaft und ihrer geringen Erhebungskosten – nach Wegfall von Katastern und Einschätzungen – wurde die Einkommensteuer das neue Ideal der Besteuerung, sie wurde zur „Königin der Steuern".[69]

Zugleich verstummten diejenigen Stimmen nicht, die eine allgemeine Einkommensteuer weiterhin ablehnten. So argumentierte der Jurist und Ökonom

---

[66] Prince-Smith, John: Über die Abwälzung, in: Michaelis, Otto (Hrsg.): John Prince-Smiths Gesammelte Schriften. Zur Physiologie des Verkehrs, Staat und Volkshaushalt. Ueber das Denken. Zur Münzreform. Zur Lohnfrage. Die Sozialdemokratie, Bd. 1, Berlin 1877, S. 43–64 und 60.

[67] Mann, Fritz Karl: Steuerpolitische Ideale, S. 248.

[68] Homburg, Stefan.: Allgemeine Steuerlehre, 5. Aufl., München 2007, S. 42.

[69] Schremmer, Eckart: Über „gerechte Steuern", S. 21.

Eduard Baumstark, Mitglied der Ersten Kammer des preußischen Landtags, in seiner im Jahr 1850 veröffentlichten Schrift „Zur Einkommensteuerfrage“,[70] sie genüge weder dem Gesetz der Allgemeinheit noch dem Gesetz der Gleichheit. Die bestehenden Steuersysteme hielt er für prinzipiell gerechtfertigt, während eine allgemeine Einkommensteuer nur unter ganz speziellen Bedingungen zu empfehlen sei: als Ersatz für noch schlechtere Steuern, als Notbehelf oder vorübergehend als Aushilfsteuer, und das auch nur dann, wenn der Zweck eine höhere Belastung der Wohlhabenden sei.[71] Lebhaft wandte sich im selben Jahr der Direktor der Zolldirektion zu Frankfurt am Main Heinrich Ludwig Biersack in seinem Werk „Ueber Besteuerung, ihre Grundsätze und ihre Ausführung“[72] gegen eine Einkommensteuer.[73] Er empfand progressive Steuern als verwerflich, „wenn sie einen socialistischen oder communistischen Zweck haben; wenn sie namentlich dazu dienen sollen, allmälig die in Ansehung des Besitzes von sachlichen Gütern bestehenden Verhältnisse aufzuheben.“[74]

Doch allgemein blieb es in der Literatur bei der Anerkennung der Besteuerung nach dem Einkommen, die allerdings auf verschiedene Weise begründet wurde.

Schon im Revolutionsjahr 1848 ragte aus dem Schrifttum dieser Zeit das Buch „Die allgemeine Einkommensteuer als einzige gerechte direkte Abgabe“[75] hervor, mit dem der preußische Landrat Karl von Sparre die Behauptung aufstellte, dass dieser Sachverhalt aus Theorie und Erfahrung nachgewiesen wäre.[76] Bei der Ermittlung des steuerpflichtigen Einkommens sollten jedoch die persönlichen Verhältnisse des Steuersubjekts berücksichtigt werden. Dabei sei nicht nur der absolut notwendige Unterhalt, sondern das für das standesgemäße Leben des Steuerpflichtigen und seiner Familie Nötige von seinem Gesamteinkommen abzuziehen.[77] Er prophezeite der Einkommensteuer, dass sie nach und nach alle

[70] Baumstark, Eduard: Zur Einkommensteuerfrage, Greifswald 1850.

[71] Meyer, Robert: Die Principien der gerechten Besteuerung, S. 86.

[72] Biersack, Heinrich Ludwig: Ueber Besteuerung, ihre Grundsätze und ihre Ausführung, Frankfurt am Main 1850.

[73] Wilke, Gustav: Die Entwicklung der Theorie, S. 57.

[74] Zitiert nach: Meyer, Robert: Die Principien der gerechten Besteuerung, S. 89 f.

[75] Sparre, Karl von: Die allgemeine Einkommensteuer als einzige gerechte direkte Abgabe, Gießen 1848.

[76] Wilke, Gustav: Die Entwicklung der Theorie, S. 56.

[77] Ebd.

direkten Abgaben in sich aufnehmen und in Verbindung mit den indirekten Steuern die alleinige Grundlage der Staatsbedarfsbefriedigung sein würde.[78]

Auch dem Staatswissenschaftler Robert von Mohl galt einzig die direkte Einkommensteuer als die Verwirklichung einer gerechten Besteuerung. Denn nur die im Einkommen zum Ausdruck gelangende Leistungsfähigkeit des einzelnen Staatsbürgers könne Grundlage seiner Besteuerung sein.[79]

Während von Mohl den Grund der Steuer in der Notwendigkeit des Staatsbedarfs erblickte und in diesem Sinn auch die Beschränkung der Steuerpflicht sah, bekannten sich andere Autoren entweder offen zu dem Prinzip der Leistung und Gegenleistung oder standen dieser Auffassung sehr nahe.[80] In seiner im Jahr 1855 in Zürich erschienenen Dissertation „Ueber die Einkommensteuer"[81] befürwortete Carl Wilhelm von Graffenried eine allgemeine, auf Selbstschätzung beruhende Einkommensteuer. Auch er forderte eine völlige Befreiung für den zum Lebensunterhalt notwendigen Teil des Einkommens von jeder Besteuerung. Gleichzeitig wandte er sich deutlich gegen die Heranziehung einer ergänzenden Konsumbesteuerung, da diese ein mehr schädliches als nützliches Vermächtnis des Merkantilismus darstelle.[82]

Der Nationalökonom Max Wirth, der die Steuer als Entgelt für Staatsleistungen definierte, lehnte die Steuerfreiheit des Existenzminimums ab, da es nur billig und gerecht sei, wenn selbst der Ärmste einen – wenn auch nur geringen Anteil – an den Staatslasten trage, da auch er den Schutz des Staates genieße. Den direkten Steuern gab Wirth vor den indirekten Steuern den Vorzug und hoffte, dass die Einkommensteuer einen immer größeren Teil der Steuern in sich aufnähme. Aus psychologischen Gründen empfahl er, eine Einkommensteuer zunächst neben den anderen Steuern einzuführen, um dann mit ihrer Hilfe allmählich die übrigen Steuern ganz zu verdrängen.[83]

Der Historiker und Ökonom Georg Friedrich Wilhelm Roscher lehnte die Einkommensteuer als einzige Steuer ab, wollte sie jedoch als gleichberechtigte Steuer in das System der Steuern einfügen. Im Hinblick auf die verhältnismäßig hohe Belastung der unteren Klassen mit der Besteuerung der Konsumtion emp-

[78] Meyer, Robert: Die Principien der gerechten Besteuerung, S. 88 f.

[79] Mohl, Robert von: Encyklopädie der Staatswissenschaften, Tübingen 1859, S. 368.

[80] Meyer, Robert: Die Principien der gerechten Besteuerung, S. 100 f.

[81] Graffenried, Carl Wilhelm von: Ueber die Einkommensteuer: ein staatswissenschaftlicher Versuch, Zürich 1855.

[82] Wilke, Gustav: Die Entwicklung der Theorie, S. 58.

[83] Wirth, Max: Grundzüge der Nationalökonomie, 2. Aufl., Bd. 2, Köln 1861, S. 474 f.

fahl er, die Einkommensteuer auf das Einkommen der wohlhabenden Klassen mit einem niedrigeren Satz umzulegen. In Kriegs- oder anderen Notfällen mochte die Einkommensteuer dann bis zur vollen Deckung des Bedarfs anschwellen.[84]

Auch der Staatsrechtslehrer Lorenz von Stein wird zu den Anhängern der individualistischen Auffassung gezählt, obwohl er sich gegen die Anerkennung des Grundsatzes der Leistung und Gegenleistung verwehrte. Allerdings veränderte sich seine Auffassung stark, wie an den nahezu zwei Jahrzehnte auseinanderliegenden Auflagen seines „Lehrbuchs der Finanzwissenschaften" abzulesen ist.[85] Von Stein betrachtete das Steuerwesen als einen Prozess im Leben der menschlichen Gemeinschaft und leitete daraus, dass der Staat die uneingeschränkte Bedingung für das persönliche Leben des Einzelnen sei, ein absolutes wirtschaftliches Recht des Staates ab. Gleichzeitig führte er aus, dass „sich der souveräne Wille des Staats auch für sein finanzielles Leben aus der organisirten Gemeinschaft aller Willen bilden" müsse.

> „Aus dem Verständnis dieser Wechselwirkung zwischen der Souveränität des verfassungsgemäßen organisirten Staats und der freien Entwicklung seiner Angehörigen entsteht dann für das wirthschaftliche Leben aus dem Finanzwesen die Finanzwirtschaft des Staats [...], welche für die Einheit der souveränen Persönlichkeit des Staats und der freien Entwickelung seiner Angehörigen sorgen würde."[86]

Da der Staat auf Dauer eingerichtet sei und seine Bedürfnisse auch dauernd gegeben seien, müsse die Steuer so eingerichtet sein, dass sie dauernd gezahlt werden könne; die Steuer war daher ihrem obersten Prinzip nach eine Steuer vom Reineinkommen. Denn jede unberechtigte Einnahme des Staats bzw. jede Ausgabe, welche nicht für die Bedingungen der gesamten Volksentwicklung geschehe, müsse „streng logisch zur Armuth des Volkes führen".[87]

In den beiden letzten Auflagen des Lehrbuches der Finanzwissenschaften zeigt sich, in welche Richtung sich die Stein'sche Finanzwissenschaft entwickelte.

---

[84] Roscher, Wilhelm: System der Finanzwissenschaft. Ein Hand- und Lesebuch für Geschäftsmänner und Studierende (1854), Bd. 4, Erste Abtheilung, 2. Aufl., Stuttgart 1886, § 74.

[85] Meyer, Robert: Die Principien der gerechten Besteuerung, S. 104.

[86] Stein, Lorenz von: Lehrbuch der Finanzwissenschaft, Erster Theil: Die Finanzverfassung Europas. Mit specieller Vergleichung Englands, Frankreichs, Deutschlands, Oesterreichs, Italiens, Rußlands und anderer Länder, 5. Aufl., Leipzig 1885, ND Hildesheim/New York 1975, S. 53 f.

[87] Ebd., S. 179.

Unter dem Einfluss der neueren Literatur berücksichtigte er zunehmend die sozialen Forderungen; denn das Prinzip der sozialen Steuerbefreiung bestehe darin,

> „daß derjenige kein Steuersubject sein soll, dessen Einkommen zu gering ist, um noch eine kapitalbildende Kraft zu besitzen, und daß daher das Steuersubject erst bei demjenigen Einkommen anfängt, das groß genug ist, um bei verständiger Wirthschaft noch ein Kapital zu bilden. Es ist die Steuerbefreiung der nichtbesitzenden oder kapitallosen Arbeit."[88]

Einen völlig entgegengesetzten Standpunkt als von Stein vertrat 1866 der Journalist und Nationalökonom Karl Bernhard Arwed Emminghaus, der als Klassisch-Liberaler den Staatsbedarf als unwirtschaftlich bezeichnete. Es sei keine wirtschaftliche, sondern eine politische und ethische Frage, wie viel Interesse der Einzelne an der Staatsordnung habe.[89] Als überzeugter Liberaler sah er das unaufhaltsame Fortschreiten der Handelsfreiheit voraus, weshalb ihm eine einzige allgemeine Einkommensteuer als die Steuer der Zukunft erschien. Da im gleichen Maße, in dem die Zölle und die inneren Verbrauchsteuern abgeschafft würden, die direkten Steuern zunähmen, könne keine andere Steuer sich an Einfachheit und Gerechtigkeit mit dem Ideal einer einzigen Einkommensteuer vergleichen.[90]

4.2.2 Das „ethische Steuerprinzip"

Bis in die Sechzigerjahre des 19. Jahrhunderts hinein wurden die individualistische Staats- und Gesellschaftslehre und das Prinzip der Leistung und Gegenleistung (Äquivalenztheorie) nicht aus ihrer herrschenden Stellung verdrängt. Anfang der Sechzigerjahre begann dann eine neue Periode in der Auffassung des Steuerwesens, die sich von allen vorausgehenden unterschied.[91] Den Anstoß dazu

[88] Stein, Lorenz von: Lehrbuch der Finanzwissenschaft, Zweiter Theil, Die Finanzverwaltung Europas. Mit specieller Vergleichung Englands, Frankreichs, Deutschlands, Oesterreichs, Italien, Rußlands und anderer Länder. Erste Abteilung, Der Staatshaushalt, die Staatsausgaben, die wirtschaftlichen Staatseinnahmen und der allgemeine Theil der Steuerlehre, 5. Aufl., Leipzig 1885, ND Hildesheim/New York 1975, S. 409.

[89] Meyer, Robert: Die Principien der gerechten Besteuerung, S. 118.

[90] Emminghaus, Karl Bernhard Arwed: Einkommensteuer, in: Rentsch, Hermann (Hrsg.): Handwörterbuch der Volkswirtschaftslehre, Leipzig 1866, S. 246–253.

[91] Wilke, Gustav: Die Entwicklung der Theorie, S. 65; Meyer, Robert: Die Principien der gerechten Besteuerung, S. 119.

gaben zwei berühmte Abhandlungen von Albert Schäffle und Gustav Schmoller aus den Jahren 1861 beziehungsweise 1863.[92]

Im Gegensatz zur herrschenden Theorie, welche in dem Einkommen oder Reineinkommen ein selbstständiges Steuerobjekt sah, stellte der Volkswirtschaftler und Soziologe Schäffle die Steuerpflicht des Menschen, die Person des Staatsbürgers, in den Mittelpunkt seiner Wirtschafts- und Steuerlehre. Er wies nach, dass ein Einkommen getrennt von der wirtschaftenden Person nicht denkbar sei, dass es nur durch den Bezug auf den Menschen als solches existiere. Nicht mehr der künstlich konstruierte, abstrakte, sondern der wirklich konkrete, von ethischen Motiven bewegte Mensch mit all seinen Bedürfnissen wurde jetzt der wissenschaftlichen Betrachtung zugrunde gelegt.[93] Seine wirtschaftliche Leistungsfähigkeit wurde nicht mehr nach dem abstrakten, auf die Verhältnisse der Produktion berechneten Begriff des reinen Einkommens gewertet, sondern kam in den die wirtschaftliche Kraft des Menschen doch erst tatsächlich bestimmenden Bedürfnissen zum Ausdruck.

Schäffle verlangte eine Besteuerung der gesamten „qualificirten" Vermögenspersönlichkeit und bestimmte das Einkommen als die Summe wirtschaftlicher Güter, die ein Mensch in einer gewissen Zeit zur Befriedigung seiner Bedürfnisse ohne Schmälerung seines Vermögens verwenden könne.[94] In seinem 1880 erschienenen Buch „Die Grundsätze der Steuerpolitik und die schwebenden Finanzfragen Deutschlands und Oesterreichs"[95] sowie in dem 1895/97 veröffentlichen zweibändigen Werk „Die Steuern"[96] ging Schäffle unter anderem auf die direkte und indirekte Besteuerung ein, da ihm eine notwendige systematische Einheit des Steuersystems nur in der Kombination von direkten und indirekten

[92] Schäffle, Albert Eberhard Friedrich: Mensch und Gut in der Volkswirtschaft oder der ethisch-anthropologische und der chrematistische Standpunkt in der Nationalökonomie, mit besonderer Rücksicht auf die Grundprincipien der Steuerlehre, in: Deutsche Vierteljahresschrift 24.4. (1861), S. 232–307 und Schmoller, Gustav: Die Lehre vom Einkommen in ihrem Zusammenhang mit den Grundprincipien der Steuerlehre, in: Zeitschrift für die gesamte Staatswissenschaft 19 (1863), S. 1–86.

[93] Meyer, Robert: Die Principien der gerechten Besteuerung, S. 126 f.

[94] Ebd., S. 127; Wilke, Gustav: Die Entwicklung der Theorie, S. 80.

[95] Schäffle, Albert Eberhard Friedrich: Die Grundsätze der Steuerpolitik und die schwebenden Finanzfragen Deutschlands und Oesterreichs, Tübingen 1880.

[96] Schäffle, Albert Eberhard Friedrich: Die Steuern, Allgemeiner Teil, in: Frankenstein, Kuno (Hrsg.): Hand- und Lehrbuch der Staatswissenschaften, Zweite Abteilung: Finanzwissenschaft, Bd. 2, Leipzig 1895, S. 1–420.

Steuern möglich erschien; denn beide setzten einander voraus und ergänzten sich gegenseitig, indem die eine dasjenige erfasse, was der anderen entgehe.[97]

Der Ökonom und Sozialwissenschaftler Schmoller teilte die Auffassungen von Schäffle und charakterisierte das Verhältnis des Einzelnen zum Staat als „Unterthanenschaft"; denn die Steuerpflicht beruhe auf der Bürgerpflicht schlechthin.[98] Zu berücksichtigen sei jedoch, dass „das ganze System seiner privaten Bedürfnisse gedeckt sein [muss], ehe es daran denken kann, etwas für den Staat zu erübrigen."[99] Schmoller hält die Ertragsteuern zur Durchführung des Steuersystems für notwendig, er fordert jedoch auch, die Konsumsteuern in das System einzufügen.[100]

Beide Autoren, sowohl Schäffle als auch Schmoller, haben mit ihren Abhandlungen die Grundlagen für die weitere Entwicklung geschaffen, ohne dass man ihre Ausführungen als abgeschlossene, fertige Theorie bezeichnen kann.[101] Das von ihnen aufgestellte „ethische" Steuerprinzip, wonach jeder nach seiner gesamten ökonomisch-politischen Leistungsfähigkeit das Wohl der Gesamtheit zu fördern verpflichtet sei,[102] wurde in der Folgezeit von einer Gruppe von Autoren aufgegriffen, die sich mit der Reform der direkten Steuern beschäftigten.

4.2.3 Die Idee der Progression

Zahlreiche Autoren knüpften an die Theorien von Schäffle und Schmoller an und machten Vorschläge zu einer Weiterentwicklung dieser neuen Lehre. Dabei kam der Idee der progressiven Steuersätze eine zentrale Rolle zu.

Der Jurist Adolf Held sah das Besteuerungsrecht im Wesen des Staats begründet. 1872 führte er aus, dass der Staat dem Einzelnen nicht nehme, was diesem kraft ursprünglichen Rechts gehöre, sondern was er notwendig brauche und

[97] Ebd., S. 80 ff.

[98] Schmoller, Gustav: Die Lehre vom Einkommen in ihrem Zusammenhang mit den Grundprincipien der Steuerlehre, Zeitschrift für die gesamte Staatswissenschaft, 1863, Bd. 19, S.1–86 und 46.

[99] Ebd., S. 39.

[100] Meyer, Robert: die Principien der gerechten Besteuerung, S. 129.

[101] Ebd., S. 129 f.

[102] Ebd., S. 138.

worauf er ein ursprüngliches Recht habe.[103] Aus diesem Grund forderte Held als erste Regel der Steuerverteilung die Allgemeinheit der Steuer, das heiße, jeder, der ein Einkommen habe, solle Steuer zahlen. Als zweite Regel hob er die Gleichheit der Steuern hervor, das heißt, das Einkommen, das in verschiedenen Produktionszweigen erworben werde, solle ohne Rücksicht auf die Art seiner Quelle gleichmäßig besteuert werden. Der dritte Grundsatz bestand in einer weitestgehenden Schonung des Nationalwohlstandes dergestalt, dass weder den Ärmeren die Existenz gefährdet noch den Reicheren die Möglichkeit genommen werde, Kapital anzusammeln.[104]

Die Einkommensteuer als einzige Steuer verwarf Held und verlangte für die unteren Klassen nur eine ganz leichte direkte Steuer und ein System indirekter Steuern auf entbehrliche Genussgegenstände. Bei den Steuersätzen wollte er deshalb auch bei den unteren Klassen eine genaue Abschätzung des Einkommens vermeiden und nur wenige progressive Sätze vorsehen und schlug beispielhaft vier Klassen vor:

- I. Einkommen bis 300 Taler 1–2 %,
- II. Einkommen von 300 bis 1000 Taler 3–4 %,
- III. für Personen von 1000–3000 Taler Einkommen als auch
- IV. für Personen über 3000 Taler Einkommen wäre ein Steuersatz von 5 % denkbar, der in Notzeiten bei Klasse IV. auf 10 % und darüber gesteigert werden könnte.[105]

Held wurde einer der Gutachter des im Jahr 1873 gegründeten Vereins für Socialpolitik, der sich in seiner Anfangszeit mit der Personalbesteuerung beschäftigte, und Fragen zu beantworten suchte, ob das Einkommensteuerprinzip auf alle Klassen der Gesellschaft anwendbar sei, ob die Einkommensteuer progressiv sein bzw. „fundiertes" Einkommen stärker belasten solle, ob eine Selbsteinschätzung stattfinden solle oder ob und welche indirekten Steuern bei der Heranziehung nach der persönlichen Leistungsfähigkeit entfallen könnten.[106]

In einem Gutachten für den Verein verwies der Finanztheoretiker Friedrich Julius Neumann darauf, dass es sich bei dem Abgabewesen des Staates um eine

---

[103] Held, Adolf: Die Einkommensteuer. Finanzwissenschaftliche Studien zur Reform der directen Steuern in Deutschland, Bonn 1872, S. 35.

[104] Ebd., S. 121.

[105] Ebd., S. 215 f.

[106] Meyer, Robert: Die Principien der gerechten Besteuerung, S. 142 f.

Gemeinwirtschaft zur Erreichung höherer sittlicher Zwecke handele. Wie im Privatleben, wo es sich um die Erfüllung sittlicher Pflichten – zum Beispiel der Erziehung der Kinder oder der Sicherung der Eltern – handele, sei die Leistungsfähigkeit ein gerechter Maßstab der Leistung, so könne sich auch die sittliche Leistung für den Staat nur nach der Leistungsfähigkeit bestimmen. Nur auf diese Weise sei es auch möglich, dass der Staat – was er im Notfall tun müsse – die ganze Kraft seiner Angehörigen in Anspruch nehmen könne. Die Abgaben auf dieser Grundlage nennt Neumann „Steuern", die Abgaben, die auf dem Prinzip von Leistung und Gegenleistungen beruhen, „Gebühren und Beiträge".[107]

Dem von vielen Seiten erhobenen Vorwurf, aus der Leistungsfähigkeit lasse sich kein rechnerischer Maßstab ableiten, begegnete Neumann mit dem Hinweis, dass sich auf vielen Gebieten, in denen Gerechtigkeit ausgeführt werden müsse, kein rechnerischer Maßstab finden lasse und demnach in Zahlen entschieden werden müsse. Die Schwierigkeit der Ausführung könne die Richtigkeit des Prinzips nicht infrage stellen. Er zog aus diesem Grundsatz auch die entsprechenden Konsequenzen: progressive beziehungsweise degressive Besteuerung, da das höhere Einkommen regelmäßig leichter entbehrlichen Ausgaben diene,[108] und Freilassung der unteren Klassen von direkten Steuern. Nach Neumann litten die unteren Klassen unter den direkten Steuern ungleich empfindlicher als die höheren. Daher sei ihre direkte Besteuerung – unabhängig von der wirtschaftlichen Unzweckmäßigkeit – eine Ungerechtigkeit.[109] Außerdem forderte er die Nichtberücksichtigung des Erwerbs der unselbstständigen Familienmitglieder bei der Einschätzung des Einkommens.[110] Eine geringere Leistungsfähigkeit infolge von Verschuldung und Alter, Krankheit, Kinderzahl und außerordentlicher Unglücksfälle solle berücksichtigt[111] und die Einkommensteuer mit einer Vermögensteuer kombiniert werden.[112]

Die Forderung nach progressiver Besteuerung wurde auch von dem Berner Professor für Staatswissenschaften Friedrich Wilhelm Hans von Scheel unterstützt. Er hielt die Berücksichtigung der sozialen Verhältnisse insbesondere

[107] Neumann, Friedrich Julius: Die progressive Einkommensteuer im Staats- und Gemeinde-Haushalt. Gutachten über Personalbesteuerung, auf Veranlassung des Vereins für Socialpolitik (Schriften des Vereins für Socialpolitik 8), Leipzig 1874, S. 58–70.

[108] Ebd., S. 106 ff.

[109] Ebd., S. 154 ff.

[110] Ebd., S. 171 ff.

[111] Ebd., S. 176 f.

[112] Ebd., S. 185 ff.

darum für notwendig, weil die sich verschärfenden Vermögensungleichheiten die soziale und politische Freiheit gefährdeten.[113] Unter Berücksichtigung der „sozialen Steuerfähigkeit“ hielt Scheel einen Normalsteuersatz, der die standesmäßige Lebenshaltung in keiner Weise beeinträchtigt, für geboten. Er hielt es für selbstverständlich, „dass auch die höchste Stufe der Progressivsteuer einen genügenden Spielraum nicht nur für die Lebenshaltung, sondern auch für den Erwerbstrieb lassen“ müsse.[114] Eine stärkere Belastung des fundierten Einkommens solle insbesondere bei Erbübergang erreicht werden, bei dem das Prinzip der Progression auch greifen solle, um den sozialen Frieden herzustellen.[115]

Der Statistiker Georg Hirth befürwortete die Progression aus doppeltem Grund: Erstens verwies er darauf, dass der Staat ein weit höheres Anrecht auf ein relativ müheloses, durch ererbte Kapitalien, Spekulationen etc. erzieltes Einkommen habe als auf dasjenige, was als Frucht harter Arbeit anzusehen sei. Er hielt es für vollkommen gerecht, wenn der Staat seinen Anteil an dem Gewinn nach dem Interesse bemesse, welches die Bürger an der Aufrechterhaltung staatlicher Ordnung hatten; dieses Interesse des einzelnen Besitzenden wachse nach seiner Ansicht progressiv.[116] Zweitens schien es ihm weise und gerecht zu sein, das Einkommen und Vermögen der Bürger dergestalt mit wachsenden Prozentsätzen zu besteuern, dass dem Wohlhabenden immer noch Mittel zum Luxus und zur Verschwendung in ausreichendem Maß zur Verfügung blieben. Die direkte progressive Einkommensteuer würde die Wohlhabenden nach ihrer wirklichen Steuerkraft zu den Staatslasten heranziehen und die Überbürdung der Unbemittelten mit Steuern beseitigen.[117]

Auch in weiteren Gutachten in den Schriften des Vereins für Socialpolitik –im Jahr 1877 wurden zehn davon publiziert – waren sich die Autoren Bruch, Wolf, Meier, Reitzenstein, Heitz und Samter über die Zugrundelegung des Leistungsprinzips einig. Bis auf Heitz, der die Progression für den Staat nicht, aber für die Gemeinden zulassen wollte, befürworteten alle die progressive Besteuerung und

[113] Scheel, Friedrich Wilhelm Hans von: Die progressive Besteuerung, in: Zeitschrift für die gesammte Staatswissenschaft 31 (1875), S. 289–303 und 290 f.

[114] Ebd., S. 296.

[115] Ebd., S. 302.

[116] Hirth, Georg: Über Culturpolizei und Rechtsgleichheit. Zur Lösung der socialen Frage, in: Ders. (Hrsg.): Annalen des Deutschen Reiches für Gesetzgebung, Verwaltung und Statistik, Leipzig 1873, S. 848 f.

[117] Ebd., S. 851 f.

eine stärkere Besteuerung des fundierten Einkommens bzw. eine Kombination der Einkommensteuer mit einer Vermögensteuer.[118]

4.2.4 Der Einfluss der sozialpolitischen Bewegungen

Nach dem Ende der Märzrevolution von 1848 und der Aufhebung der Pressezensur brachte der junge Karl Marx als Redakteur der Neuen Rheinischen Zeitung seine Ablehnung des Staates und der politischen Institutionen auf den Punkt: „Von dem heutigen Tag an sind die Steuern aufgehoben!!! Die Steuerzahlung ist Hochverrat, die Steuerverweigerung erste Pflicht des Bürgers!“[119] Diese radikale Steuerverweigerungskampagne hielt Marx und Friedrich Engels jedoch nicht davon ab, ein praktisches Steuerprogramm zu entwerfen. Im „Kommunistischen Manifest“ von 1848 wurde eine „starke Progressionssteuer“ genannt, die allmählich bis zur Enteignung gesteigert werden sollte, um „der Bourgeoisie nach und nach alles Kapital zu entreißen.“[120] Unabhängig davon konzentrierten sich Marx und Engels auf die wissenschaftliche Kritik der indirekten Steuern, was Ferdinand Lassalle in seiner Kammergerichtsrede von 1863 zu heftigen Anklagen gegen die indirekten Steuern führte.[121] Lassalle trug alle wirkungsvollen Beweisgründe zusammen, um die verheerende Wirkung der indirekten Steuern zu beweisen. Er bediente sich dabei eines Kunstgriffes, denn er zählte auch die Grund- und die Gewerbesteuer zu den indirekten Steuern und konnte damit behaupten, dass der Hauptteil der indirekten Steuern nicht nur von den ärmeren Klassen getragen werde, sondern jemanden umso stärker treffe, je ärmer er sei.[122]

Das neue Ideal fand in den Forderungen des Eisenacher Programms der Sozialdemokratischen Arbeiterpartei 1869 unter III. Nr. 9 seinen Niederschlag: „Abschaffung aller indirekten Steuern und Einführung einer einzigen

---

[118] Meyer, Robert: Die Principien der gerechten Besteuerung, S. 150.

[119] Marx, Karl: An das preußische Volk, Beilage der Neuen Rheinischen Zeitung Nr. 145 vom 17.11.1848.

[120] Marx, Karl/Engels, Friedrich: Das kommunistische Manifest (1847/48), 8. Aufl., Berlin 1918, S. 44 f.

[121] Lassalle, Ferdinand: Die indirekte Steuer und die Lage der arbeitenden Klassen. Eine Verteidigungsrede vor dem königlichen Kammergericht zu Berlin gegen die Anklage, die besitzlosen Klassen zum Haß und zur Verachtung gegen die Besitzenden öffentlich angereizt zu haben, in: Ders.: Gesammelte Reden und Schriften, Bd. 2, Berlin 1893, S. 241–389.

[122] Ebd., S. 302.

Einkommensteuer und Erbschaftsteuer".[123] Nachdem im Gothaer Programm von 1875 die Erbschaftsteuer entfernt und als Ersatz der indirekten Steuern nur eine einzige progressive Einkommensteuer dienen sollte, forderte die Sozialdemokratische Partei Deutschlands im Erfurter Programm von 1891 eine stufenweise steigende Einkommens-, Vermögens- und Erbschaftsteuer, und außerdem die „Abschaffung aller indirekten Steuern, Zölle und sonstigen wirtschaftspolitischen Maßnahmen, welche die Interessen der Allgemeinheit den Interessen einer bevorzugten Minderheit opfern."[124]

Sozialpolitik sollte fortan nicht nur im Geben, sondern auch im Nehmen vollzogen werden. Dabei bewegten sich die Steuerreformen in drei Richtungen:[125] Die direkten Steuern wurden erstens mit Vergünstigungen für die ärmeren Volksschichten ausgestattet. Ein Teil der steuerlichen Lasten wurde zweitens von den indirekten auf die direkten Steuern übertragen, um die Wirtschaftsschwachen zu entlasten. Und drittens sollte die Steuer nicht nur ein fiskalisches Hilfsmittel sein, sondern auch als Regulator der Wohlstandsverhältnisse eingesetzt werden und als Hebel der Gesellschaftsreform dienen. Das dritte Verfahren bedeutete einen offenen Bruch mit der naturrechtlich-liberalen Überlieferung.

4.2.5 Wohlstandskorrektur als gesellschaftspolitisches Ziel

Den Wirtschafts- und Finanzwissenschaftler Adolph Wagner veranlassten die sozialen Spannungen dazu, der Besteuerung neben der rein finanziellen auch eine sozialpolitische Aufgabe zuzuschreiben, um in die im freien Wettbewerb entstandenen Einkommens- und Vermögensverteilung korrigierend einzugreifen.[126] Wie kaum ein anderer zeitgenössischer Nationalökonom forderte er zur prakti-

---

[123] Sozialdemokratische Arbeiterpartei: Das Eisenacher Programm der Sozialdemokratischen Arbeiterpartei vom 08.08.1869, in: Treue, Wolfgang (Hrsg.): Deutsche Parteiprogramme seit 1861, Quellensammlung zur Kulturgeschichte, Bd. 3, 4. Aufl., Zürich/Berlin/Frankfurt am Main, S. 69–71; https://www.marxists.org/deutsch/geschichte/deutsch/spd/1869/eisenach.htm (letzter Zugriff: 13.04.2023).

[124] Sozialdemokratische Partei Deutschlands: Das Erfurter Programm der Sozialdemokratischen Partei Deutschlands vom 21.10.1891, in: Mommsen, Wilhelm (Hrsg.): Deutsches Handbuch der Politik, Bd. 1: Deutsche Parteiprogramme, 2. Aufl., München 1960, S. 349–353.

[125] Mann, Fritz Karl: Steuerpolitische Ideale, S. 305 f.

[126] Wagner, Adolph: Finanzwissenschaft 2. Teil, S. 383.

schen Verwirklichung der beiden Postulate der Gerechtigkeit – Allgemeinheit und Gleichmäßigkeit – auf Veränderungen der Arbeitsteilung und der Technik der Produktion Rücksicht zu nehmen: „Die Besteuerung hat sich demgemäss immer zu verändern, um gerecht zu werden oder zu bleiben.“[127]

Für Wagner war der Steuerbegriff ein doppelter, je nach dem möglichen Doppelzweck der Steuer.[128] Zum einen waren nach ihm Steuern im rein finanziellen Sinn diejenigen Auflagen und Abgaben, welche als Zwangsbeiträge von Einzelwirtschaften zur Deckung der allgemeinen öffentlichen Ausgaben in einseitig bestimmter Weise und Höhe nach allgemeinen Grundsätzen und Maßstäben eingefordert wurden. Zum anderen waren Steuern im „socialpolitischen“ Sinn diejenigen Auflagen und Abgaben, welche zugleich oder allein dem Zwecke dienten, in die Verteilung des Volkseinkommens und Volksvermögens und eventuell weiter in die Verwendung des Einzeleinkommens und Vermögens regulierend und verändernd einzugreifen.[129] Die Konsequenz hieraus sei, dass die Allgemeinheit nicht wörtlich genommen werden dürfe, sondern es gerechtfertigt sei, dass die „kleinen Leute“ ökonomisch entlastet und relativ geringer als die Wohlhabenderen besteuert würden. Die Gleichmäßigkeit verstand er damit als „Besteuerung möglichst im Verhältniss zu der in stärkerer Progression als das absolute Einkommen (und Vermögen) steigenden wirthschaftlichen Leistungsfähigkeit“. Damit ergab sich die prinzipielle Forderung nach der progressiven Besteuerung des höheren Einkommens sowie einer höheren Besteuerung des fundierten Einkommens als der des Arbeitseinkommens. Ein weiteres Streben nach Gerechtigkeit sah er in ergänzenden Luxussteuern und der Einführung von solchen Steuern, mittels derer die Extrabesteuerung von zufälligen, „unverdienten“, aus „Conjuncturengewinnen“ etc. herrührenden Erwerben durchgeführt werden sollten.[130]

Die von Wagner vertretenen sozialpolitischen Besteuerungsideale wurden auch von dem Nationalökonomen Friedrich Wilhelm Hans von Scheel und dem

---

[127] Ebd., S. 387.

[128] Nach Schulz ist Wagners Staatsauffassung für dessen Finanzwissenschaft von fundamentaler Bedeutung: „Indem Wagner den Machtstaat um die Funktion von Kultur- und Wohlfahrtsausgaben erweitert, bewirkt er die Bildung einer eigenen staatlichen Finanzwirtschaftslehre. Der ‚Sinn‘ der Besteuerung ist bei Wagner dann nicht mehr rein fiskalisch zu bestimmen.“ Vgl. Schulz, Frank: Zur Dogmengeschichte der funktionalen Finanzwirtschaftslehre. Eine literaturgeschichtliche Untersuchung zur Entwicklung der „funktional finance“ vom Merkantilismus bis zur „neuen Wirtschaftslehre“, Berlin 1987, S. 116.

[129] Wagner, Adolph: Lehr- und Handbuch der politischen Oekonomie, S. 210.

[130] Ebd., S. 385.

deutschen Publizisten Constantin Frantz unterstützt, die für eine Regulierung der Wohlstandsverhältnisse plädierten. Beide sprachen dem Staat die Aufgabe zu, die vorhandenen sozialen Ungleichheiten durch eine gezielte Steuerpolitik zu verringern.[131]

Der überwiegende Teil der zeitgenössischen Wissenschaftler – wie Friedrich Julius Neumann, Karl Friedrich von Schall, Wilhelm Vocke und Albert Schäffle – stand der Umverteilung von Einkommen und Vermögen jedoch ablehnend gegenüber. Sie begründeten dies mit der mangelnden Vereinbarkeit mit dem Leistungsprinzip und der Gefahr einer nicht mehr zu kontrollierenden Willkür.[132]

In den Augen des späteren österreichischen Finanzministers Robert Meyer war die Idee der sozialen Reform aus den geschichtlichen Umständen heraus entstanden, was jedoch nicht notwendigerweise zur Anerkennung dieser Idee führen müsse. Die Anhänger der sozialpolitischen Reform seien sich darüber einig, dass durch eine solche Einrichtung die Besteuerung nur ein kleiner Teil des als sozialpolitisch notwendig anerkannten Ausgleichs erreicht werden könne.[133]

Obwohl Wagners Lehre von der sozialen Funktion der Besteuerung von der Wissenschaft und Praxis zunächst überwiegend abgelehnt worden war, drang sie schrittweise in die Steuerpolitik aller fortgeschrittenen Länder ein, und die Notwendigkeit sozialreformerischer Steuerwirkungen wurde immer weniger bestritten.[134] Auch in der deutschen Finanzpolitik fand eine Neuorientierung statt; denn eine Steuerpolitik, die der Gesellschaftsreform dienen sollte, konnte nicht mehr ausschließlich finanzwirtschaftliche und volkswirtschaftliche Ziele verfolgen, sondern benötigte ein breiteres Fundament. Immer mehr wurde die Steuerpolitik als Mittel zur sozialethischen Ausrichtung der Gesellschaftsverfassung betrachtet.[135]

---

[131] Scheel, Friedrich Wilhelm Hans von: Die progressive Besteurung, S. 289 ff.; Franz, Constantin: Die soziale Steuerreform als die conditio sine qua non, wenn der sozialen Revolution vorgebeugt werden soll, Mainz 1881, ND Aalen 1972, Vorwort, S. 45–51 und 69.

[132] „Ihr die Pflicht zuzuschreiben, sociale Uebelstände zu beseitigen, heißt jedenfalls durchaus Fremdartiges in sie hineinzutragen"; vgl. Neumann, Friedrich Julius: Die progressive Einkommensteuer, S. 99; Schall, Karl Friedrich von: Allgemeine Steuerlehre, in: Schönberg, Gustav von (Hrsg.): Handbuch der Politischen Oekonomie, Finanzwissenschaft und Verwaltungslehre Bd. 3, 1. Halbband, 4. Aufl., Tübingen 1897, S. 151–246 und 151; Vocke, Wilhelm: Die Abgaben, Auflagen und die Steuer vom Standpunkte der Geschichte und der Sittlichkeit, Stuttgart 1887, ND Frankfurt am Main 1970, S. 42 f.

[133] Meyer, Robert: Die Principien der gerechten Besteuerung, S. 406 f.

[134] Mann, Fritz Karl: Steuerpolitische Ideale, S. 322.

[135] Ebd., S. 322 f.

4.3 Die Steuerreformen im Deutschen Reich und in den deutschen Staaten

4.3.1 Zur Finanzverfassung im Deutschen Reich

In der Verfassung des zum 1. Januar 1871 ins Leben getretenen Deutschen Reiches war auch der finanzpolitische Föderalismus geregelt. Zur Wahrnehmung der Aufgaben, die dem Reich oblagen – das waren in erster Linie die Pflege der auswärtigen Beziehungen und die Landesverteidigung –, standen der Reichsregierung die Zolleinnahmen, ein Teil der indirekten Steuern und die Überschüsse aus dem Post- und Telegrafenwesen und der Eisenbahn in Elsass-Lothringen zu. Die Bundesländer und die Gemeinden konnten ihren Finanzbedarf vorwiegend durch das Erheben direkter Steuern decken. Die Reichsregierung hatte bei erhöhtem Finanzbedarf Anspruch auf Matrikularbeiträge der Einzelstaaten, woraus jedoch im Laufe der Jahre Probleme erwuchsen.[136]

Die Matrikularbeiträge, aus der Zeit des Norddeutschen Bundes übernommen, waren auch im Finanzsystem des Deutschen Reiches lediglich als Hilfsleistung und deshalb als zweitrangig gedacht. Die Beiträge waren von Jahr zu Jahr zu beantragen und zu gewähren. Das war eine Einnahmequelle für das Reich, die sich für die Haushaltsgestaltung als unstet und für die Bundesländer als Belastung erwies; denn die Beiträge wurden nach der Einwohnerzahl errechnet und nicht nach der ökonomischen Leistungsfähigkeit der Bundesländer, sodass die Belastungen in den wirtschaftlich schwachen Ländern als ungerecht angesehen wurden.[137]

Der Reichskanzler Otto von Bismarck sprach sich in einer Rede vor dem Reichstag am 22. November 1875 gegen das Fortbestehen dieser Beiträge aus und machte seine steuerpolitischen Ambitionen[138] wie folgt deutlich:

> „Ich erkläre mich von Haus aus für indirekte Steuern und halte die direkten für einen harten und plumpen Notbehelf nach Ähnlichkeit der Matrikularbeiträge, mit alleiniger Ausnahme, ich möchte sagen, einer Anstandssteuer, die ich von den direkten immer aufrecht erhalten würde, das ist die Einkommensteuer der reichen

---

[136] Sahm, Reiner: Zum Teufel mit der Steuer!, S. 242.

[137] Ebd., S. 244.

[138] Die Reformversuche Ottos von Bismarck waren getragen von dem Bestreben, die Steuerlast von der direkten auf die indirekten Steuern überzuwälzen. Vgl. hierzu Thier, Andreas: Steuergesetzgebung und Verfassung in der konstitutionellen Monarchie. Staatsteuerreformen in Preußen 1871–1893 (Studien zur Europäischen Rechtsgeschichte 119), Frankfurt am Main 1999, S. 129.

> Leute, aber wohlverstanden nur der wirklich reichen Leute. Das Ideal[,] nach dem ich strebe, ist möglichst ausschließlich durch indirekte Steuern den Staatsbedarf aufzubringen."[139]

Obwohl sich immer deutlicher abzeichnete, dass die Einnahmen des Reiches nicht mehr ausreichten, um die wachsenden Ausgaben abzudecken, kam noch keine Reichssteuerreform im Bismarck'schen Sinne zustande. Zwischen 1872 und 1877 wurden im Reichstag und im Bundesrat immer wieder direkte und indirekte Steuern vorgeschlagen, die aber aus vielerlei Gründen keine Mehrheit fanden. Dabei handelte es sich um eine Börsen-, Gewerbe- und Stempelsteuer ebenso wie um eine progressive Einkommensteuer. Dagegen hatten sich die Bundesstaaten zur Wehr gesetzt, weil sie befürchteten, dass ihnen der betreffende Anteil entgehen könnte. Gleiches widerfuhr den Steuervorschlägen für Tabak, Rübenzucker, Branntwein und Petroleum. Ebenso kamen aus dem Reichstag Widerstände, dessen parteipolitische Zusammensetzung die Vorhaben nicht begünstigte. Als Ziel bezeichnete Otto von Bismarck später im Reichstag, dass das Reich aus einem „lästigen Kostgänger" der Bundesstaaten, aus „dem mahnenden Gläubiger", zu einem „freigebigen Versorger" werden solle.[140]

Es wirft ein Schlaglicht auf die strukturellen Probleme der Reichsfinanzen, dass sich der Zentralstaat im Rahmen des Finanzföderalismus in wachsendem Umfang verschulden musste, um seine Ausgaben zu finanzieren. Heer und Marine, aber auch Post- und Telegrafenverwaltung benötigten große Summen. Die Reichsschuld vervierfachte sich von 1887 bis 1897, verdoppelte sich noch einmal bis 1913 auf gut 4,9 Mrd. Mark. Insgesamt verdreihundertfachte sich die Reichsschuld zwischen 1877 und 1914.[141]

4.3.2 Steuergesetzgebung und Staatsfinanzen in Preußen und Sachsen

4.3.2.1 Der Steuerreformprozess ab 1851 in Preußen

Die Revolution von 1848/1849 hatte den Effekt, dass sich das bürgerliche mit dem adligen Lager gegen die unteren Schichten vereinte, was den Weg für die

[139] Zitiert nach: Blum, Hans: Das Deutsche Reich zur Zeit Bismarcks. Politische Geschichte von 1871 bis 1890, Leipzig/Wien 1893, S. 172.

[140] Ebd., S. 307; Sahm, Reiner: Zum Teufel mit der Steuer!, S. 247.

[141] Ullmann, Hans-Peter: Der deutsche Steuerstaat, S. 63.

erste Finanzreform Preußens seit drei Jahrzehnten ebnete. Mit dem am 1. Mai 1851 verabschiedeten Gesetz bestand die preußische Personalsteuer aus einer Klassensteuer bis zu einem Jahreseinkommen von 1000 Talern und einer klassifizierten Einkommensteuer, die bei einem Jahreseinkommen über 1000 Talern ansetzte. Die Tarifgestaltung war so angelegt, dass bei einem Jahreseinkommen im Umfang von 20.000 Talern eine Steuerquote von drei Prozent zum Ansatz kam, bei 50.000 Talern wurden diese bei den Steuerpflichtigen lediglich mit 2,4 % beschwert. Ein Steuerpflichtiger mit einem Jahreseinkommen von einer Million Taler wurde lediglich mit 0,72 % belastet. Während also die hohen Einkommen milde belastet wurden, trugen den größten Teil der Personalsteuerlast die mittelständischen Gewerbetreibenden sowie die mittlere und höhere Beamtenschaft. Ein nicht ganz kleiner Teil der klassensteuerpflichtigen preußischen Bevölkerung war kaum in der Lage, die Klassensteuer zu bezahlen. Von der Klassensteuerpflicht waren lediglich die Empfänger öffentlicher Armenhilfe freigestellt; ein Grundfreibetrag war nicht vorgesehen. Dazu kam der fiskalische Druck durch Zuschläge der preußischen Gemeinden zu den staatlichen Steuern, der die unteren Schichten zusätzlich traf. Diese erhöhten die effektive Belastung der leistungsschwachen Bevölkerung noch einmal drastisch.[142]

Eine weitere Ungleichbehandlung erfolgte dadurch, dass die Bezieher von hohen Einkommen zusätzlich begünstigt wurden, da das Veranlagungsverfahren durch die Schätzung lokaler Kommissionen und nicht durch die Abgabe einer Steuererklärung erfolgte. Während die Einkommen der Beamten relativ einfach zu ermitteln waren, standen den Kommissionen für die Einkünfte aus Grund- und Gebäudebesitz nur veraltete Kataster zur Verfügung. Bei den Einkünften aus beweglichem Kapital fehlte hingegen jede Kontrolle; eine realistische Einschätzung solcher Einnahmen war kaum möglich.[143]

Die veraltete preußische Steuerverfassung sowie die extreme ungleiche Verteilung der Steuerlast bargen erheblichen sozialen und politischen Sprengstoff, weshalb für die politisch Verantwortlichen Handlungsbedarf bestand. Politischer Konsens herrschte über die Notwendigkeit, die Steuerlast bei der einkommensschwachen Bevölkerung zu mindern, was dazu führte, die ausgesprochen unpopuläre Mahlsteuer mit Wirkung zum 1. Januar 1875 aufzuheben, und die bis dahin staatliche Schlachtsteuer den Kommunen zu übertragen. Die seit 1667

---

[142] Thier, Andreas: Steuergesetzgebung und Staatsfinanzen in Preußen 1871–1891, S. 323.
[143] Ebd., S. 319.

bestehende, nur 1810/11 kurz unterbrochene Praxis, Stadt und Land mit unterschiedlichen Staatssteuern zu belasten, war damit beendet.[144]

Diejenigen Einwohner, die in den mahl- und schlachtsteuerpflichtigen Städten wohnten, und deren Jahreseinkommen unter 1000 Taler betrug, hatten nun die Klassensteuer zu bezahlen.[145] Die Klassensteuer als auch die klassifizierte Einkommensteuer richtete sich nun nicht mehr nach äußerlichen Merkmalen, sondern nach dem Einkommen. Daneben wurde erstmals ein steuerfreies Existenzminimum in die Klassensteuer eingearbeitet und die Einkommensteuer, die bis dahin bei einem Jahreshöchstbetrag von 7200 Talern endete, wurde so ausgestaltet, dass sie nach oben offen war. Diese Reform führte zu einer eindeutigen absoluten und relativen Besserstellung der unteren Schichten. Weiterhin wurden die sehr großen Einkommen im gewerblichen und im Dienstleistungssektor belastet, die vor der Reform durch die Veranlagung kaum betroffen waren.[146]

Ein zentrales Element der Steuerreformziele war der Ersatz der preußischen Personalsteuern durch Verbrauchsteuern. Diese sollten auf Reichsebene eingeführt werden, um den Einnahmeausfall der direkten Steuern in Preußen auszugleichen. Otto von Bismarck hatte die reale Gefahr, die dem Gesellschaftssystem aus der Arbeiterbewegung erwachsen konnte, erkannt und war daher bemüht, mit sozialpolitischen Maßnahmen die Arbeiterschaft an das von ihm vertretene Gesellschaftssystem zu binden. Die Steuerreformpolitik wurde damit zu einem Instrument, mit dessen Hilfe gesellschaftliche Probleme beeinflusst werden sollten; sie wurde damit zu einem Teilelement regulierender Staatlichkeit.[147]

Ungelöst blieb jedoch das Problem der ungleichen Steuerlastverteilung zwischen Grundbesitz und Gewerbe und dem beweglichen Kapital. Die Gegensätze zwischen dem ländlichen Grundbesitz und dem städtischen Wirtschaftsbürgertum spiegelten sich größtenteils im sozialen Profil der großen Fraktionen des

---

[144] Spoerer, Mark: Steuerlast, S. 68; vgl. auch Schremmer, Eckart: Finanzreform und Staatshaushalt in Preußen nach 1820. Einige Beurteilungen, in: Ullmann, Hans-Peter/Zimmermann, Claus (Hrsg.): Restaurationssystem und Reformpolitik. Süddeutschland und Preußen im Vergleich, München, S. 111–138 und 114.

[145] Spoerer, Mark: Steuerlast, S. 68.

[146] Ebd., S. 71 f.

[147] Thier, Andreas: Steuergesetzgebung und Staatsfinanzen in Preußen 1871–1891, S. 324.

preußischen Parlaments wider.[148] Alle großen Fraktionen des Abgeordnetenhauses verband jedoch die Ablehnung von Bismarcks Plänen einer föderalen Steuerreform, was letztendlich zu einem Kompromiss führte.[149] Am Ende der Kommissionsberatungen stand eine Gesetzesvorlage, die mit einer Einkommen- und Kapitalrentensteuer, der Einführung der Selbsterklärungspflicht, einem progressiven Einkommensteuertarif und der Einführung einer Kapitalertragsteuer wegweisend für die zukünftige preußische Steuerreform sein sollte.[150]

Im Ergebnis setzten sich bei diesem Kompromiss die Repräsentanten des ländlichen Grundbesitzes durch, was sich insbesondere in der Begünstigung der ostelbischen Grundbesitzer bei der Umgestaltung der preußischen Realsteuerverfassung,[151] aber auch bei der Neuordnung der Einkommen- und Gewerbesteuer zeigte.

4.3.2.2 Das Einkommensteuergesetz von 1878 in Sachsen

Der entscheidende Schritt zu einer prinzipiengerechten Einkommensteuer geschah im Königreich Sachsen. Das sächsische Einkommensteuergesetz von 1874/1878 hatte große Ausstrahlungskraft auf die deutschen Staaten und ebenso großen Einfluss auf die preußische Steuerreform von 1891. Adolph Wagner führte hierzu aus: Sachsen erwarb sich „den Ruhm des Pioniers des steuerpolitischen und steuertechnischen Fortschritts auf diesem Gebiete der directen Besteuerung in Deutschland.“[152]

Das sächsische Gesetz unterschied deutlich zwischen den Einkommensquellen: Der Einkommensteuer unterlagen die „Einkünfte aus Vermietung und

---

[148] Thier, Andreas: Die Gesetzgebungsverfassung der deutschen konstitutionellen Monarchie als bewegliches System: Preußische Steuergesetzgebung 1879–1893, in: Holtz, Bärbel/Spenkuch, Hartwin (Hrsg.): Preußens Weg in die politische Moderne. Verfassung – Verwaltung – politische Kultur zwischen Reform und Reformblockade (Berlin-Brandenburgische Akademie der Wissenschaften, Berichte und Abhandlungen 7), Berlin 2001, S. 285–320 und 296.

[149] Thier, Andreas: Steuergesetzgebung und Verfassung, S. 131 und 386.

[150] Thier, Andreas: Die Gesetzgebungsverfassung, S. 307.

[151] Die Realsteuern sollten künftig nicht mehr vom preußischen Staat, sondern durch die Gemeinden erhoben werden, was einem seit Langem vorgetragenen Wunsch aller Fraktionen, den Überlegungen der Finanzwissenschaft und den Interessen der Kommunen entsprach; vgl. Thier, Andreas: Steuergesetzgebung und Staatsfinanzen, S. 331.

[152] Wagner, Adolph: Finanzwissenschaft, Vierter Teil. Specielle Steuerlehre. (Praxis der Besteuerung). Die Besteuerung des 19. Jahrhundert. (Staats- und Communalbesteuerung.), 1. Halbbd. Preussen, Sachsen, Baiern, Württemberg, Leipzig. 1899, S. 107.

Verpachtung mit Land- und Forstwirtschaft auf eigenem Grundstück (§ 19), Kapitaleinkünfte (§ 20), Einkünfte aus selbständiger Arbeit (§ 21) sowie Einkünfte aus Handels- und Gewerbebetrieb."[153]

Wichtig war, dass das Gesetz das objektive und subjektive Nettoprinzip bewahrte. So wurde im Gesetz festgesetzt, dass das reine Einkommen abzüglich geltend zu machender außergewöhnlicher Belastungen zu besteuern war.[154] Ebenso wichtig waren die neuen Verwaltungsgrundsätze. Die Besteuerungsidee Schmollers setzte die aktive Mitwirkung des Steuerpflichtigen in Form einer Selbsteinschätzung voraus, das heißt, er musste selbst sein Einkommen ermitteln und angeben. Den Steuerbehörden wurden geeignete Instrumente zur Kontrolle der Richtigkeit der Angaben in die Hand gegeben. Steuerhinterziehungen wurden mit Geldstrafen bis zum Zehnfachen der hinterzogenen Steuer versehen.[155]

Der Steuersatz betrug bei der ersten Steuerklasse, die für Steuerpflichtige mit einem jährlichen Einkommen bis maximal 500 Mark galt, ein Prozent. In der 25. Steuerklasse, die für Steuerpflichtige mit einem jährlichen Einkommen von 14.000 bis 16.000 Mark galt, betrug der Steuersatz 2,5 %. Darüber hinaus verlief der Steuersatz konstant.

Das Gesetz wurde einige Male novelliert, wobei insbesondere dem Prinzip der Leistungsfähigkeit Rechnung getragen wurde. Das zeigte sich auch im Einkommensteuergesetz vom 2. Juli 1878, das im Gegensatz zum Gesetz aus dem Jahr 1874 ein steuerfreies Existenzminimum von 300 Mark vorsah.[156]

4.3.2.3 Die Reformgesetzgebung 1890/91 und 1892/93 in Preußen

Die ersten preußischen Einkommensteuergesetze berücksichtigten in einem nicht unerheblichen Umfang grundlegende finanzpolitische Forderungen, wie sie in der Literatur des 19. Jahrhunderts vorgeschlagen worden waren. Dabei ging es um die schrittweise Verwirklichung des Grundsatzes der Allgemeinheit der Besteuerung, die Einführung eines progressiven Einkommensteuertarifes, die Anerkennung eines angemessenen steuerfreien Existenzminimums, die Berücksichtigung subjektiver Leistungsfähigkeitsmerkmale, wie zum Beispiel die Aufwendungen für den Unterhalt der Familie und die Einführung einer

---

153 Gehm, Matthias: Zur Geschichte der Anfänge des deutschen Einkommensteuerrechts, S. 196.

154 Özdemir, Didem: Die Entwicklung und der Aufstieg der Einkommensteuer, S. 49.

155 Großfeld, Bernhard: Die Einkommensteuer, S. 44.

156 Özdemir, Didem: Die Entwicklung und der Aufstieg der Einkommensteuer, S. 50.

Vermögensteuer, mit deren Hilfe die Einkünfte aus Kapital einer zusätzlichen steuerlichen Belastung unterworfen werden sollten.[157]

Die angewachsene Schuldenlast im preußischen Staat veranlasste Johannes von Miquel – vom preußischen König Wilhelm II. 1890 zum Finanzminister berufen – eine grundlegende Reform der Einkommensteuer in Angriff zu nehmen. Johannes von Miquel sympathisierte mit den Linken, war Anfang der Fünfzigerjahre ein tätiges Mitglied des Bundes der Kommunisten und begründete 1866 die Nationalliberale Partei mit, die er später an die Konservativen heranführte.[158] Entscheidend für die seit Langem vorgetragenen Forderungen, Steuerreformen in ein gesetzgebendes Gesamtkonzept umzusetzen, war vor allem der Umstand, dass es von Miquel gelang, einen breiten parlamentarischen Konsens zu finden.[159]

Viele Parlamentarier forderten während der Beratungen zum Preußischen Einkommensteuergesetz 1891 eine Höherbelastung der fundierten Einkommen, doch von Miquel setzte letztlich sein Konzept durch, die Höherbelastung durch die Erbschaft- und Vermögensteuer zu erreichen.[160] Andreas Thier zählt die Eigentümer ländlichen Grundbesitzes sowie die Unterschichten zu den wichtigsten Gewinnergruppen, hingegen das Wirtschaftsbürgertum als Hauptverlierer der Reformen.[161]

Zwischen 1891 und 1893 vereinigte Johannes von Miquel die Klassen- und klassifizierte Einkommensteuer zu einer modernen Einkommensteuer, die als die erste moderne, systematische deutsche Einkommensteuer gilt.[162] Diese Einkommensteuer war von der Idee her der entscheidende Schritt in das 20. Jahrhundert. Von Miquel nannte sie bei seiner Rede im Abgeordnetenhaus über die

---

[157] Davidsohn, Lars: Verfassungsrechtliche Würdigung der sozial- und wirtschaftspolitisch orientierten Besteuerungsideale des 19. und 20. Jahrhunderts, Bielefeld 2007, S. 164.

[158] Hass, Gerhard u. a. (Hrsg.): Biographisches Lexikon zur deutschen Geschichte. Von den Anfängen bis 1945, Berlin 1971, S. 475; Sahm, Reiner: Zum Teufel mit der Steuer!, S. 253.

[159] Thier, Andreas: Steuergesetzgebung und Verfassung, S. 434.

[160] Richter, Ute G.: Einkommensbesteuerung privater Finanzanlagen in Deutschland, Europa und USA. Ökonomische und rechtliche Gesichtspunkte, Wiesbaden 1995, S. 48.

[161] Thier, Andreas: Steuergesetzgebung und Verfassung, S. 970.

[162] Oechsle, Klaus: Die steuerlichen Grundrechte, S. 111. Nach einem vorsichtigen Versuch in Hessen im Jahr 1869 stellte Sachsen als erster Bundesstaat sein Steuersystem von den alten objektiven Ertragsteuern auf die neue subjektive Einkommensteuer um. Im Jahr 1874 erschien ein provisorisches, danach 1878 das endgültige Einkommensteuergesetz. Baden erhielt im Jahr 1882 eine Einkommensteuer. Das danach von Preußen eingeführte Steuersystem diente den Einzelstaaten als Vorbild; vgl. Schremmer, Eckart: Steuern und Staatsfinanzen während der Industrialisierung Europas. England, Frankreich, Preußen und das Deutsche Reich 1800 bis 1914, Berlin Heidelberg 1994, S. 204.

Reform der direkten Steuern vom 20. November 1890 ein „Werk ausgleichender Gerechtigkeit“.[163] Von Miquels Ziel war es „eine wirklich gleichmäßige, den heutigen sozialen und wirtschaftlichen Verhältnissen entsprechende Verteilung der Steuerlast“ herbeizuführen.[164]

Eine gleichmäßige und den persönlichen Einkommensverhältnissen angepasste Besteuerung hat von Miquel deshalb als unverzichtbar angesehen, weil eine ungleichmäßige Steuerbelastung „vielfach zu einer Überlastung der geringeren und mittleren Einkommen führt und zu einer Schonung und unberechtigten Bevorzugung der größeren Einkommen.“[165] Da der Staat auf eine gewisse Akzeptanz der Steuerpflichtigen angewiesen sei, seien nachvollziehbare und verständliche Regeln und Prinzipien über eine gerechte Steuerlastverteilung unabdingbar.[166]

Mit diesem Einkommensteuergesetz wurde nun auch der gesamte Adel ab dem 1. April 1893 zur Einkommensteuer veranlagt.[167] Trotzdem war der Allgemeinheitsgrundsatz der Besteuerung noch nicht vollständig erfüllt, denn nach Paragraf 3 waren die Mitglieder des Königlichen Hauses, des Hohenzollerschen Fürstenhauses, das vormalige Hannoversche Königshaus und die vormaligen Kurhessischen und Herzoglich Nassauischen Fürstenhäuser ausdrücklich von der Einkommensteuer befreit. Erst im Jahr 1919 wurden diese letzten absolutistischen Privilegien durch Art. 109 Abs. 3 Satz 1 und Art. 134 der Weimarer Verfassung für unzulässig erklärt und aufgehoben.[168]

---

[163] Miquel, Johannes von: Rede zu der Reform der direkten Steuern im Abgeordnetenhaus am 20.11.1890, S. 329.

[164] Miquel, Johannes von: Rede zu den Grundprinzipien der Reform der Einkommensteuer im Abgeordnetenhaus am 16.02.1891, in: Schultze, Walther/Thimme, Friedrich (Hrsg.): Johannes von Miquels Reden, Bd. 3, Halle an der Saale 1913, S. 360–365 und 365.

[165] Miquel, Johannes von: Die Reform der direkten Steuern, Rede vor dem Abgeordnetenhaus am 20.11.1890, S. 305 f.

[166] Birk, Dieter: Steuerrecht (Schwerpunkte 3), 6. Aufl., Heidelberg 2003, vor § 1, Anm. 1 und 5.

[167] § 4 EStG Preußen 1891; vgl. hierzu auch § 1 des „Gesetzes, betreffend die Aufhebung der Befreiung von ordentlichen Personalsteuern gegen Entschädigung vom 18. Juli 1892“, in: Grotefend, Georg August (Hrsg.): Das gesammte preußisch-deutsche Gesetzgebungs-Material. Die Gesetze und Verordnungen nebst den Erlassen, Reskripten, Anweisungen und Instruktionen der preußischen und deutschen Centralbehörden, Düsseldorf 1892, S. 450.

[168] Davidsohn, Lars: Verfassungsrechtliche Würdigung, S. 19.

Das Einkommensteuergesetz vom 24. Juni 1891[169] berücksichtigte verschiedene objektive und subjektive Leistungsfähigkeitsmerkmale. Die Anzahl der Kinder wurde durch Pauschbeträge (§ 18 EStG Preußen 1891) ebenso berücksichtigt wie die Geltendmachung von Aufwendungen aufgrund von außergewöhnlichen Belastungen (§ 19 EStG Preußen 1891). Insgesamt wurden die unteren Einkommensgruppen entlastet, und der Steuertarif hatte einen gestuft progressiven Charakter.

Nach § 9 EStG (Preußen 1891) waren die zur Erwerbung, Sicherung und Erhaltung des Einkommens verwendeten Ausgaben ebenso zum Abzug zu bringen wie Schuldzinsen und Renten, dauernde Lasten, Abschreibungen und Versicherungen.

Das neue Einkommensteuerrecht unterschied zwischen unbeschränkter und beschränkter Steuerpflicht, zwischen Gewinn- und Überschusseinkünften und wies vier verschiedene Einkunftsarten auf. Eingeführt wurde die Steuererklärungspflicht für alle Einkommen über 3000 Mark (§ 24 EStG Preußen 1891), es erfolgten Änderungen im Veranlagungsverfahren sowie eine Neuregelung des Berufungswesens. Ein eigener unabhängiger Steuergerichtshof wurde in einer Abteilung (Senat) des obersten Verwaltungsgerichtshofes eingerichtet.[170]

Die Steuerpflicht, der bisher nur physische Personen unterlegen waren, wurde auch auf juristische Personen ausgedehnt. Natürliche und juristische Personen wurden im einkommensteuerrechtlichen Sinn völlig gleichgestellt.[171] Die „Einkommen-Körperschaftsteuer" diente als Ergänzung zur Einkommensteuer, um thesaurierte Gewinne besteuern zu können, die bis dahin nicht von der Einkommensteuer erfasst wurden. Aufgrund der steigenden Steuersätze bei der Einkommensteuer rückte die wirtschaftliche Doppelbelastung ausgeschütteter Gewinne immer mehr ins Bewusstsein und sorgte von Beginn an für grundsätzliche Diskussionen über die Berechtigung und Stellung der Körperschaftsteuer im gesamten Steuersystem.[172] In den deutschen Bundesstaaten hatten sich zur Verminderung der Doppelbelastung unterschiedliche Körperschaftsteuersysteme

---

[169] Preußisches Einkommensteuergesetz vom 24. Juni 1891 in: FinanzArchiv 8,2 (1891), S. 331–451.

[170] Sahm, Reiner: Zum Teufel mit der Steuer!, S. 256.

[171] Crezelius, Georg: Steuerrecht II: Die einzelnen Steuerarten, 2. Aufl., München 1994, S. 240.

[172] Brinkmann, Thomas: Die Körperschaftsteuer in der Zeit von 1918 bis 1929, Köln 1987, S. 9.

herausgebildet, denen jedoch trotz intensiver Begründungsversuche eine gewisse Systemlosigkeit anhaftete. Letztendlich ging es jedem Bundesstaat darum, die sich entwickelnde neue Leistungsfähigkeit von Unternehmen steuerlich zu erfassen.[173] Eine formale Trennung erfolgte erst durch das Körperschaftsteuergesetz vom 29. März 1920.[174]

Eine Lohnsteuer gab es noch nicht. Bei einem Jahreseinkommen unter 900 Mark entfiel eine Besteuerung. Der Steuersatz bei einem Einkommen zwischen 900 und 1500 Mark lag bei 0,62 % und wurde bei 3000 Mark auf 1,73 % angehoben. Höhere Einkommen über 9500 Mark wurden stärker belastet, der Höchststeuersatz für Einkommen von mehr als 100.000 Mark bis einschließlich 105.000 Mark betrug vier Prozent und stieg bei höherem Einkommen in Stufen von 5000 Mark um je 200 Mark (§ 17 EStG Preußen 1891).[175]

Wer die ihm obliegende Steuererklärung nicht in der in § 30 EStG (Preußen 1891) gesetzten Frist abgab, musste einen Zuschlag von 25 % der Steuerschuld zahlen. Die Gefahr, bei einer Verkürzung des Steueranspruchs als Steuerhinterzieher entdeckt zu werden, war gering; von den wenigen Strafverfahren wurden mehr als 80 % auf dem Verwaltungsweg erledigt.[176] Der Finanzwissenschaftler Franz Meisel schätzte, dass bei Einkommen über 3000 Mark zwischen einem Drittel und der Hälfte der fälligen Steuern hinterzogen wurden.[177]

1893 konnte der preußische Finanzminister eine Vermögensteuer durchsetzen.[178] Das war ihm früher wegen ihrer „konfiskatorischen" Wirkung ebenso verwehrt worden wie eine ähnlich konzipierte Erbschaftsteuer.[179] Von Miquel begründete die Einführung der Vermögensteuer damit, dass aus Gründen der sozialen Gerechtigkeit das fundierte Einkommen höher zu belasten sei als das

---

[173] Potthast, Thilo: Die Entwicklung der Körperschaftsteuer von den Vorformen bis zur Unternehmenssteuerreform 2001. Eine Untersuchung körperschaftsteuerlicher Entwicklungstendenzen in Steuergesetzgebung und Steuergestaltung, Frankfurt am Main 2008, S. 26–34.

[174] RGBl. 1920, S. 393.

[175] Preußisches Einkommensteuergesetz vom 24.06.1891, in: FinanzArchiv 8/2 (1891), S. 331–451.

[176] Meisel, Franz: Moral und Technik bei der Veranlagung der preußischen Einkommensteuer, Leipzig 1911, S. 336 f. und 347 f.

[177] Ebd., S. 285–373.

[178] Die Vermögensteuer wurde nach langen Diskussionen akzeptiert, um nicht die Gesamtreform zu gefährden, vgl. Thier, Andreas: Steuergesetzgebung und Verfassung, S. 642.

[179] Sahm, Reiner: Zum Teufel mit der Steuer!, S. 254.

unfundierte.[180] Das Einkommensteuergesetz wurde daher im Jahr 1893 durch eine ab 1895 zu erhebende Vermögensteuer ergänzt. Der Besteuerung unterlag das gesamte unbewegliche und bewegliche Vermögen nach Abzug der Schulden.

Diese sogenannte Ergänzungssteuer – sie hatte lediglich eine ergänzende Funktion zur Einkommensteuer – enthielt einen Freibetrag von 6000 Mark und wurde mit einem proportionalen Steuersatz von 0,5 % versehen, wobei das Vermögen des Haushaltes – darunter auch Schmuck, Kunstgegenstände etc. – nicht erfasst wurde. Ermäßigungen wie zum Beispiel die besondere Belastung des Steuerpflichtigen durch Kinderunterhalt waren vorgesehen.[181]

Die Vermögensteuer war ein hervorragendes Mittel, um die Angaben der Steuerpflichtigen bei der Einkommensteuer zu überprüfen. Da die Finanzverwaltung es weitgehend vermied, die Privatsphäre der Besteuerten zu beleuchten,[182] konnte auf diesem Weg die Richtigkeit der Angaben der Steuerpflichtigen überprüft werden.

Wie sich die vor dem Ersten Weltkrieg geführte Debatte über Steuerhinterziehung auf das Verhalten der Steuerpflichtigen auswirkte, lässt sich nicht ermitteln.[183] Festgestellt werden kann jedoch, dass es zu einem Umschwung in der öffentlichen Meinung und den Parlamenten kam. Es führte dazu, dass das Wehrbeitrags- und das Vermögenszuwachssteuergesetz 1913 die Kontrollmöglichkeit des Fiskus verschärften und die Steuerhinterziehung nicht nur mit Geldstrafe, sondern jetzt auch mit Freiheitsentzug versehen war.[184]

Da die Einnahmen aus der Einkommensteuer ergiebig waren, konnte in Preußen die Ertragsteuer auf Grundbesitz, Gebäude und Gewerbe den Gemeinden überlassen werden. Das geschah 1895, indem man auch die Gemeindesteuern in die Miquel'sche Reform einbezog, wobei die Gemeinden die Hebesätze wählen konnten. Es gelang freilich nicht, die Grundsteuern durchgreifend

---

[180] Miquel, Johannes von: Rede zur Vermögensteuer am 17.04.1893, in: Schultze, Walther/Thimme, Friedrich (Hrsg.): Johannes von Miquels Reden, Bd. 4, Halle an der Saale 1914, S. 65–71 und 67.

[181] Ergänzungssteuergesetz vom 14.07.1893, in: Gesetz-Sammlung für die Königlichen Preußischen Staaten, Jahrgang 1893, S. 134 ff., auf: http://www.verfassungen.de/de/preussen/gesetze/erg%C3%A4nzungssteuergesetz93.html (letzter Zugriff: 13.04.2023); Sahm, Reiner: Zum Teufel mit der Steuer!, S. 254 f.

[182] Ullmann, Hans-Peter: Der deutsche Steuerstaat, S. 54.

[183] Vgl. hierzu im Einzelnen Ebd., S. 51–54.

[184] Ebd., S. 55.

zu modernisieren. In den gemeindefreien Gutsbezirken entfiel die Grundsteuer, ein zwischen 9,8 und 11,7 Mio. Mark geschätztes Steuergeschenk an den Großgrundbesitz.[185]

4.3.3 Das preußische Erbe

Die preußische Einkommensteuerreform – aber auch die im Jahr 1893 eingeführte ergänzende Vermögensteuer – hatte für die Einzelstaaten eine Vorbildfunktion.[186] In den Ländern, die bereits ein Einkommensteuergesetz hatten, wurden die bestehenden Normen nach preußischem Vorbild überarbeitet, in anderen Ländern wurden Einkommensteuergesetze erlassen, die hinsichtlich der Systematik eine nicht zu übersehende Ähnlichkeit mit dem preußischen Gesetz von 1891 aufwiesen.[187]

Die ungleichmäßige Steuerbelastung, die Verschiedenartigkeit der Steuerquellen, aber auch die Mehrbelastung, die der Zentralstaat mit sich brachte, führten dazu, dass die Bundesstaaten die direkte Besteuerung ausbauten, um ihre Einnahmen zu steigern, denn 1881 stammte erst ein knappes Drittel des einzelstaatlichen Steueraufkommens aus solchen Personalsteuern.[188]

Die Einkommensteuersätze machten einen sprunghaften Anstieg aufgrund der Rüstungsausgaben durch den Ersten Weltkrieg. Im Jahr 1913 machten in den Einzelstaaten die Einkommensteuern zusammengenommen 61 % aller Staatssteuern aus.[189] Bis zum Ersten Weltkrieg schließlich hatten alle Bundesstaaten ein eigenes Einkommensteuergesetz und hatten sich einander angenähert.[190]

[185] Nipperdey, Thomas: Deutsche Geschichte 1866–1918, Bd. 2: Machtstaat vor der Demokratie, München 1992, S. 176 f.; Sahm, Reiner: Zum Teufel mit der Steuer!, S. 255.

[186] Lieb, Ralf: Direkte Steuerprogression. Geschichtliche Entwicklung und kritische Würdigung ihrer Begründungen, Wiesbaden 1992, S. 125 ff.

[187] Oechsle, Klaus: 100 Jahre Einkommensteuergesetze in Deutschland. Ein Beitrag zum preußischen EStG von 1891, in: Steuer und Studium. Zeitschrift für Aus- und Weiterbildung im Steuerrecht 12 (1991), S. 203–206 und 203.

[188] Ebd., S. 45.

[189] Born, Karl Erich: Wirtschafts- und Sozialgeschichte des Deutschen Kaiserreiches 1867/71–1914, Stuttgart 1985, S. 70 f.

[190] Ebd., S. 44–46; Popitz, Johannes: Einkommensteuer, in: Elster, Ludwig u. a. (Hrsg.): Handwörterbuch der Staatswissenschaften, Bd. 3, 4. Aufl., Jena 1926, S. 400–491 und 400.

Nach dem Ersten Weltkrieg initiierte Reichsfinanzminister Matthias Erzberger eine umfassende Reform der Finanzverfassung und des Steuersystems und formte die Einkommensteuer schließlich zur Reichssteuer.[191]

[191] Reichseinkommensteuergesetz vom 29. März 1920, Reichsgesetzblatt 1920, 1. Halbjahr, Nr. 57.

5 Vom Rechtsstaat zum Gerechtigkeitsstaat

Der auf dem Gebiet des internationalen Steuerrechts profilierte Rechtswissenschaftler Klaus Vogel (1930–2007) hat 1988 den „Verlust des Rechtsgedankens im Steuerrecht" beklagt und sieht in dem Verlust an demokratischer Legitimation und an Rechtlichkeit im deutschen Steuerrecht eine Herausforderung an das Verfassungsrecht.[1] Vogel zitiert hierbei aus dem Rechenschaftsbericht des damaligen Präsidenten des Bundesfinanzhofs[2]:

> „In der Bundesrepublik Deutschland werden heute fast 50 verschiedene Steuern auf der Grundlage von mehr als 90 Steuergesetzen und mehr als 100 Rechtsverordnungen erhoben. Bei der Anwendung dieser Rechtsvorschriften müssen mehr als 5000 bedeutsame Entscheidungen des Reichsfinanzhofs und des Bundesfinanzhofs sowie jährlich mehr als 1000 Verwaltungsordnungen beachtet werden. […]"

Der Rechenschaftsbericht zitiert seinerseits den ehemaligen Richter des Bundesverfassungsgerichts, Paul Kirchhof:

> „Das Einkommensteuergesetz mit einem Schlußparagraphen 55 ist inzwischen durch Einschübe auf insgesamt 129 Paragraphen angewachsen. Einzelne Paragraphen benötigen mehr als 1000 Wörter. […] Ständige, kurzfristige, gelegentlich kurzsichtige Änderungen der Steuergesetze, deren Bedeutung oft in einem

[1] Vogel, Klaus: Der Verlust des Rechtsgedankens im Steuerrecht als Herausforderung an das Verfassungsrecht, in: Deutsche Steuerjuristische Gesellschaft e. V. 12 (1989), S. 123–144 und 123.

[2] Klein, Franz: Die Belastung des Bundesfinanzhofs und Möglichkeiten zur Verbesserung des Rechtsschutzes, Deutsche Steuer-Zeitung 1988, S. 131–134 und 133.

R. Sahm, *Die Entstehung der Einkommensteuer*,
https://doi.org/10.1007/978-3-658-49069-0_5

> unübersichtlichen Haushaltsstrukturgesetz verborgen ist, verwirren die Grundgedanken einer Steuerkonzeption. Allein von 1970–1979 wurde im Einkommensteuergesetz 237mal ein Paragraph geändert, wobei jede Änderung das Inkrafttreten ihrer Vorläuferin verhinderte."[3]

Auch der deutsche Staatsrechtler und Staatsphilosoph Josef Isensee kennzeichnete vor einem Vierteljahrhundert den Zustand des deutschen Steuerrechts wie folgt:

> „Die Kenner des Steuerrechts konstatieren einmütig, daß hier Wildwuchs und Willkür herrschen, Hypertrophie der Normen, Änderungshektik ohne Änderungskonzept, Okkupation durch disparate steuerfremde Zwecke. [...] Die vielen Sonderrechte überlagern das allgemeine Recht. Der Systemgedanke wird zugedeckt durch ein Konglomerat von Ausnahmetatbeständen."[4]

Die vor einhundert Jahren hochgelobte „Königin der Steuern" verkümmerte im Lauf der Jahrzehnte zu einem „unbeherrschbaren Monstrum",[5] sodass der Bundesrechnungshof im Jahr 2006 feststellte: „Der gesetzmäßige und gleichmäßige Vollzug der Steuergesetze ist nicht mehr gewährleistet."[6] Er begründete dies damit, dass es wegen der komplizierten und sich ständig ändernden Steuergesetzgebung der Finanzverwaltung und den steuerberatenden Berufen in Deutschland kaum mehr möglich sei, sich einen Überblick über die jeweils geltende Rechtslage zu verschaffen.[7] Gesetze müssen jedoch vom „Volk" verstanden werden:

> „Wenn ein demokratischer Staat am Leben erhalten werden soll, dann muß auch der einfache Gewerbetreibende, der Coiffeurmeister, der Wirt, der Kürschner, oder was sonst immer als Gewerbe betrieben wird, in der Lage sein, durch das Nachblättern des Gesetzes zu verstehen, was der Gesetzgeber von ihm will."[8]

---

[3] Kirchhof, Paul: Die Kunst der Steuergesetzgebung, in: Neue juristische Wochenschrift 1987, S. 3217–3226 und 3218.

[4] Isensee, Josef: Vom Beruf unserer Zeit für Steuervereinfachung, in: Steuer und Wirtschaft 71 (1994), S. 3–14 und 4.

[5] Deutsche Steuer-Gewerkschaft: DStG Oktober 1999, S. 117.

[6] Bünder, Helmut: Rechnungshof will Radikalreform im Steuersystem. Steuergerechtigkeit ist nicht mehr gewährleistet. Mehr Kompetenzen für den Bund, in: FAZ vom 03.08.2006, S. 9.

[7] Ebd., S. 9.

[8] Cagianut, Francis: Diskussionsbeitrag, in: Kruse, Heinrich Wilhelm (Hrsg.), Die Grundprobleme der Personengesellschaften im Steuerrecht 1979, S. 277 f. und 277.

Das Erzberger'sche Einkommensteuergesetz von 1920 enthielt 53 Paragrafen: Das auf dieser Grundlage weiterentwickelte Einkommensteuergesetz wurde in den letzten einhundert Jahren ständig geändert und bis zum Jahr 2022 auf faktisch 196 Paragrafen mit unzähligen Absätzen aufgebläht. Nach den Feststellungen des Bundesrechnungshofes wurden im Einkommensteuergesetz, das für nahezu 27 Mio. Steuerpflichtige maßgebend ist, in den Jahren 2006 bis 2010 428 Bestimmungen durch 48 Gesetze geändert. „Dies bedeutet, dass das Einkommensteuergesetz im Durchschnitt alle fünf Wochen geändert wurde."[9] Durch solche Regelungen wird jedoch der Gedanke des Rechts „pervertiert".[10] In ständig sich erneuernder Flut kommen diese Steuervorschriften gleich biblischen Heuschreckenschwärmen über uns, „dass sie das Land so bedecken, dass man von ihm nichts mehr sehen kann."[11]

Die Rechtswissenschaftlerin und Hochschullehrerin an der Universität zu Köln Johanna Hey beurteilt die Situation in der heutigen Zeit wie folgt:

> „Das erste Jahrzehnt des 21. Jahrhunderts war von regelrechter Reformeuphorie geprägt. Die Vielzahl der Reformvorschläge dokumentierte und dokumentiert das Bedürfnis nach einer Fundamentalreform, insbesondere der Besteuerung von Einkommen. Indes hat sich mittlerweile auch in der Wissenschaft Ernüchterung verbreitet. [...] Zwar wird die Reformnotwendigkeit nicht grds. in Frage gestellt, wohl aber besteht tiefgreifende Skepsis gegenüber Reformbereitschaft und Reformfähigkeit des Steuergesetzgebers. Die Politik hat seit der *Erzberger'*schen Steuerreform von 1920 bis heute nicht die Kraft aufgebracht, ein besseres Steuerrecht gegen die Vielfalt von Fiskal- und Gruppeninteressen durchzusetzen."[12]

Die einstige „Königin der Steuern" ist zu einer Dummensteuer degeneriert, die jene am stärksten trifft, die am schlechtesten informiert oder beraten sind oder die der Besteuerung, wie zum Beispiel die Lohnsteuerzahler, am wenigsten ausweichen können.[13] Der desolate Zustand des heutigen Einkommensteuerrechts

---

[9] Engels, Dieter/Rahm, Andreas: Bundesrechnungshof-Bericht nach § 99 BHO über den Vollzug der Steuergesetze, insbesondere im Arbeitnehmerbereich, 17.01.2012, auf: https://www.bundesrechnungshof.de/SharedDocs/Downloads/DE/Berichte/2012/vollzug-steuergesetze-arbeitnehmerbereich-volltext.pdf?__blob=publicationFile&v=1 (letzter Zugriff: 10.05.2023), S. 12.

[10] Vogel, Klaus: Der Verlust des Rechtsgedankens, S. 126.

[11] 2. Mose 10,5.

[12] Hey, Johanna: § 7 Besonderes Steuerschuldrecht, S. 295 [Hervorhebung im Original].

[13] Hey, Johanna: § 8 Einkommensteuer, S. 284.

hat zwar die fiskalische Ergiebigkeit der Einkommensteuer nicht beeinträchtigt, „wohl aber hat die Einkommensteuer ihre Krone verloren: die Gerechtigkeit.“[14]

Wenn es einhundert Jahre nach der Erzberger'schen Finanzreform gelänge, fundamentale Änderungen im deutschen Einkommensteuerrecht herbeizuführen, wären der politische, wirtschaftliche und soziale Gewinn einzigartig.[15]

[14] Hey, Johanna: § 7 Besonderes Steuerschuldrecht, S. 251.

[15] Lang, Joachim: Arbeit und Programm der Kommission „Steuergesetzbuch“, in: Lang, Joachim/Eilfort, Michael (Hrsg.): Strukturreform der deutschen Ertragsteuern. Bericht über die Arbeit und Entwürfe der Kommission „Steuergesetzbuch“ der Stiftung Marktwirtschaft, München 2013, S. 31–41 und 34.

FSC
www.fsc.org
MIX
Papier | Fördert
gute Waldnutzung
FSC® C083411

Kolibri 360 GmbH
Ferdinand-Jühlke-Straße 7
99095 Erfurt, Deutschland
produktsicherheit@kolibri360.de